시드니 택시 기사의 문화 관찰기

시드니 택시 기사의 문화 관찰기
–백인 사회의 뒷모습

초판 1쇄 인쇄 | 2016년 6월 17일
초판 1쇄 발행 | 2016년 6월 22일

지은이 지성수
기획 파트너 딴지일보 편집부
책임편집 손성실
편집 조성우
마케팅 이동준
디자인 권월화
용지 월드페이퍼
제작 (주)상지사P&B
펴낸곳 생각비행
등록일 2010년 3월 29일 | 등록번호 제2010-000092호
주소 서울시 마포구 월드컵북로 132, 402호
전화 02) 3141-0485
팩스 02) 3141-0486
이메일 ideas0419@hanmail.net
블로그 www.ideas0419.com

ⓒ 생각비행, 2016, Printed in Korea.
ISBN 978-89-94502-86-1 03300

책값은 뒤표지에 있습니다.
잘못된 책은 바꾸어드립니다.

이 책은 저자가 시드니에서 15년간 택시 운전을 하며 얻은 문화인류학적 느낌을 정리한 글을 엮은 것이다.

| 서문 |

백인들은 왜 이럴까?

1995년 출판된 홍세화의 《나는 빠리의 택시 운전사》라는 책이 있다. 내가 접해본 것 중에는 한국인으로 외국에서 택시 운전을 한 사람의 유일한 이야기다.

홍세화의 책을 읽었을 때 나는 내가 시드니의 택시 운전사가 되리라고는 상상할 수도 없었다. 망명객인 홍세화는 프랑스 정부로부터 '한국을 제외한' 모든 나라를 갈 수 있는 여권을 발급받았다고 했지만, 시드니의 택시 운전사가 되었을 때 나는 한국으로 돌아갈 수 없는 처지라는 것을 실감했다. 홍세화처럼 정치적인 이유가 아니라 피치 못할 사정으로 한국을 떠난 다른 많은 사람들처럼 나도 한국에 돌아가 보았자 먹고 살 방법이 없기 때문이다. 이렇듯 나는 정치적 시각이 아닌 평범한 생활인의 시각에서 이 글을 썼다.

그러나 나는 15년간 택시 운전을 하면서 백인 사회를 주의 깊게 들여다본 눈으로 서구 사회의 밑바닥을 헤집어보려고 했다. 운전을 하면서 좋은 일이거나 나쁜 일이거나 간에 "백인들은 왜 이럴까?" 하는 생각이 수없이 들었다. 이 책은 그 의문에 답을 찾아가는 이야기다. 어차피 백인들의 눈치를 살피지 않고는 살 수 없는 우리로서 그들의 포장되지 않은 민낯을 제대로 보자는 것이다.

물론 어느 집단에서나 개인 차이는 있게 마련이다. 그러나 어느 집단을 평가할 때는 그 차이를 무시하고 도매금으로 평가할 수밖에 없다. 두 집단의 차이를 평가할 수 있는 객관적 기준이 없을 때는 그저 양쪽 사회를 살아보고 피부로 느껴볼 수밖에 없다. 그러나 그 피부도 사람마다 다를 터이니 그저 제가 꼴리는 대로 판단할 수밖에. 혹시 읽다가 내용이 마음에 안 드는 부분이 있으면 '택시 기사가 쓴 글이 그렇지 뭐!' 하고 넘겨주시기를 바란다.

지성수

| 차례 |

01 시드니의 택시 기사가 되다　　　　　　　_ 8
02 노름꾼과 강도　　　　　　　　　　　　_ 20
03 한국인의 똥폼과 거드름　　　　　　　　_ 35
04 '융통성'보다 중요한 '안전'　　　　　　　_ 50
05 몸을 팔고 몸을 사는 사람들　　　　　　_ 66
06 끔찍한 사건과 신뢰가 공존하는 사회　　_ 81
07 별별 나라의 인종들　　　　　　　　　　_ 99
08 이혼하면 쪽박 찬다　　　　　　　　　　_ 116
09 문화 간의 만남과 갈등　　　　　　　　_ 130
10 소름 끼치는 개인주의　　　　　　　　　_ 146
11 하늘을 찌르는 백인들의 무식　　　　　_ 160
12 백인들의 공격성과 해결 능력　　　　　_ 175
13 우리는 남이다　　　　　　　　　　　　_ 190

01
시드니의
택시 기사가
되다

5시간짜리 시험

호주에 와서 처음에는 교도관이 되어 보려고 몇 달 동안 지역 도서관에서 감옥에 관한 책을 모두 빌려다보면서 준비했다. 수리 테스트, 영어 테스트, 범죄 심리 테스트를 받았는데 수리 테스트는 한 번 떨어져서 주 1회 1개월 과정의 연수를 거친 후 재수해서 붙었다. 하지만 정작 어려웠던 건 범죄 심리 테스트였다.

점심 먹고 시작해서 소변도 뛰어 갔다 보고 오면서 5시간

동안 꼼짝 않고 앉은 자리에서 치르는 시험은 생전 처음이었다. 내가 영어가 짧아서 그런가 했더니 백인들도 마찬가지였다. 비슷비슷한 문제를 여러 각도에서 묻고 또 묻고 하는 방식이라 도저히 내숭을 떨래야 떨 수 없는 테스트였다. 한국에 살 때 경찰서에서 형사들에게 밤샘 취조를 당할 때도 그렇게 긴장하지는 않았었다. 하여간 이 테스트 하나만 해보면 사람의 본색을 완전히 파악할 수 있는 내용이라서 결혼하기 전 신랑 신부가 같이 해본다면 이혼율이 뚝 떨어질 것 같다는 생각까지 들 정도였다.

교도관 지원자 중에 백인들은 경찰을 하고 싶었는데 못 되어서 지원한 사람이 대부분이었다. 이민자도 많이 응시하는데 나이 제한이 없어 나이 먹은 사람이 많기도 했다. 그중에는 같은 지원자인 내가 보기에도 '저 사람이 뽑히면 과연 할 수 있을까?'라고 생각되는 사람도 적지 않았다. 그런데 알고 보면 나도 다른 사람 눈에는 그렇게 보이는 사람이었던 것이다. 교도소를 직접 가보고 나서야 나이, 체격, 영어 실력 등등 모든 면에서 도저히 안되겠다는 판단을 했고 결국 포기하고 말았다.

교도관이 되기를 포기하고 택시 기사를 하겠다고 하자 식구들이 염려를 많이 했다. 나는 영어가 걱정이었는데 정작 식구들은 한국에 있을 때 운전면허 시험에 10번을 떨어져 운전면허를 못 땄던 내 운전 실력을 걱정했다. 고집을 부려 택시 운전을 하겠다고 했지만 택시 운전사가 되는 것이 쉬운 일이냐 하면 그런 것도 아니었다. 풀타임으로 5주간 교육을 받고도 지리, 거리 이름, 운행 코스, 호텔, 병원, 공공시설 등등을 1000개 가까이 외워야 시험을 볼 수 있었다.

세계적으로 택시 기사가 제일 되기 어려운 곳이 런던이란다. 런던 출신이라도 택시 운전 자격을 따려면 보통 1년 정도 오토바이를 타고 시내 구석구석을 돌아다니며 지리를 익혀야 한다고 한다. 그러니 이민자는 아예 생각도 말아야 한단다. 그 이유는 런던이 워낙 오래된 도시라 길이 복잡해서란다. 시드니는 그런 정도는 아니지만 산 설고 물 설은 남의 나라에서 운전을 하자니 어려운 일이 한두 가지가 아니었다. 한국에 온지 얼마 안 되어 한국말도 잘 못하는 외국 사람이 서울에서 택시 운전을 한다고 하면 어떤 일이 벌어질지 상상해보면 될 듯하다.

호주 백인은 안 하는 직업

막상 면허를 따고 거리로 차를 몰고 나간 뒤에도 어디로 가야 할지를 몰랐다. 처음 몇 달은 그야말로 매일 매일이 '고난의 행군'이었다. 이민자인 택시 운전사가 오래 살아서 지리를 잘 아는 현지인을 태우고서 가보기는커녕 들어보지도 못한 곳을 가야 하니 어찌 문제가 생기지 않겠는가? 멜번에는 인도인 택시 운전사가 많은데 얼마나 길을 못 찾으면 '택시 운전은 인도인들이 길을 잘 모를 때 하는 직업'이라는 농담이 다 생겼다고 할까?

내가 승용차를 운전하다가 가끔 길이 헷갈려서 헤맬 때 같이 탄 사람이 "택시 운전사가 왜 그러냐?"고 하면 "돈을 안 받으면 헤맨다"고 응수하며 웃어넘기곤 했지만 처음에는 지리를 익히기 위해서 1년 정도 낮 운전을 해야만 했다. 새벽 3시나 4시에 일어나 공항으로 가서 줄을 서서 기다리다가 차례대로 손님을 태우는 것이다. 300~400대의 택시가 보통 한두 시간을 기다린다. 택시 운전사 중에 제일 많은 인종이 아랍계이고 다음이 중국인이다. 기다리는 시간이 길기 때문에 보통 자기 나라 운전사들끼리 모여서 떠드는데 나는 항상 책을 읽었다.

그런데 책을 보는 버릇 때문에 낭패를 당할 때가 한두 번이 아니었다. 택시 랭크에서 책을 보고 있다가 태워서는 안 될 사람을 태워서 곤욕을 치르는 일이 잦았던 것이다. 앞을 보고 있으면 수상한 인간이 다가올 때 그냥 출발해서 위기를 모면할 수가 있을 터인데, 나는 책을 보는 버릇 때문에 그럴 수가 없기 때문이었다. 그렇다고 다른 택시 운전사들처럼 언제 올지 모를 손님을 기다리며 마냥 앞만 쳐다보고 있을 수는 없는 일이다. 왜냐하면 비록 먹고살기 위해서 택시 운전을 하기는 하지만 나는 택시 운전을 위해 '역사적 사명을 타고 태어난' 사람이 아니기 때문이다. 라디오라도 듣고 있으면 되는데 영어 듣기 실력이 좋지 않은 탓에 신경을 집중하고 들어야 하므로 이내 피곤해진다. (어쩌든지 나는 책을 보다가 망하든가 흥하든가 해야 할 팔자인 것 같다.)

공항에 가면 호주 백인이 거의 없는 이민자들 판인 택시 기사들이 인종별로 모여서 수다를 떨게 된다. 제일 시끄러운 것은 역시 아랍인들이다. 인종별로 모여서 떠들고 있는 택시 기사들을 보면 홉스가 했다는 '만인의 만인에 대한 투쟁'이라는 말이 생각난다.

황량한 공항 주차장에서 아랍인들이 구석에서 담요를 깔고 경건하게 기도를 드리는 거룩한 모습을 매일 본다. 그들에게 무엇을 기도했느냐고 물었더니 거의가 기복주의 기도였다. 반면 공산주의 체제에서 살아와서 종교성을 찾아보기 어려운 중국인들한테서는 기복주의 모습을 찾아볼 수가 없다. 그들은 오직 돈뿐이다. 그걸 포장 없이 겉으로 드러낸다. 그러나 대단히 종교적인 아랍인들이나 대체로 유물론적인 중국인이나 택시의 시동을 걸고 나면 똑같다. 불타는 경쟁일 뿐이다.

인류 역사가 시작된 이후 불평등은 항상 존재해왔다. 아마 평등한 세상이 있다면 그곳은 죽어서야 갈 수 있다는 천국일 것이다. 택시 업계도 마찬가지다. 밑바닥에서는 이민자들이 택시를 굴리고 그 기사들을 통제하고 관리하면서 뜯어먹고 사는 이들은 앵글로·색슨들이며 정점에는 유대인들이 있다. 택시 업계의 시스템을 움직이는 그들 앞에서 우리는 약자로서 조련당하고 감시당하면서 각종 명목으로 돈을 바치는 와중에 그저 약간의 돈을 벌 뿐이다.

시드니 택시 기사들의 세계는 서울의 그것보다 훨씬 살벌하다. 왜냐하면 운전사들이 전혀 상관없는 다른 국가와 문화권에서 온 이민자들이기 때문에 피차간에 눈치 볼 일이 없기 때문이다. 법규가 까다로워서 손님에게는 드러낼 수 없지만 운전사들 사이에서는 각박함, 야비함, 억지, 무례, 몰상식이 판을 친다. 나는 무슨 일이 생기면 다른 운전사들과 다툴 생각을 하지 않고 무조건 양보해버린다. 관용으로 똘똘 뭉친 인격 때문이 아니라 '내가 너희와 사소한 것을 가지고 다툴 사람이냐'는 나름의 고고함(?) 때문이다.

가끔 운전사들 사이에서 상상을 초월하는 일도 벌어지는데, 예를 들면 이런 일이다. 공항이 가까운 곳에 사는 나는 공항으로 직접 오지만 대부분의 택시 기사들은 새벽 3시에 나가 공항에서 먼 곳으로 가서 공항으로 가는 콜이 오기를 기다린다. 한 시간 이상을 기다려 자기 차례가 왔을 때 콜이 나와 손님을 태우러 가면 택시를 부른 적이 없다는 일이 생긴다. 그렇게 되면 그 택시는 다시 뒤에 와서 줄을 서야 하는데, 그때는 이미 기다리는 택시의 줄이 길어져 2시간 이상 기다려야 하기 때문에 그날 수입은 공칠 수밖에 없고 그야말로 죽고 싶은 심정이 된다. 아무래도 수상해서 조사를 해보니 뒤에 있던 택시 운전사가 앞 차를 보내버리기 위해서 자기 휴대폰으로 공항으로 가는 콜을 하기도 한다는 것이다. 감히 이런 일을 할 수 있는 인면수심의 운전사는 대개 인도인, 중국인들이다. 반면 한국 사람의 경우 이런 야비한 일은 말할 것도 없고 불미스러운 일을 했다는 이야기를 들어보지 못했으니 참으로 다행이다.

핸들을 잡고 나가면 하루가 전쟁이다. 12시간을 엉덩이에 땀띠 나게 운전만 해도 힘이 드는데 다른 택시들과 경쟁해야지, 손님들과 신경전 벌여야지, 어디를 어떻게 가야 한 푼이라도 더 벌 수 있을까 하고 끊임없이 머리를 굴려야지, 틈틈이 경찰한테 신경 쓰지 않으면 섭섭하다고 딱지마저 떼인다. 다들 이렇게 힘들여서 몇 푼 벌어 겨우 생존하는 것이다.

그러나 뭐니 뭐니 해도 이민자인 택시 운전사들에게 가장 큰 문제는 언어 소통의 문제일 수밖에 없다. 택시 운전사들이 손님들의 말을 잘못 알아들어 문제가 생긴다는 보도가 매스컴에서 심심찮게 보도되곤 한다. 실제로 나 또한 지금도 손님이 하는 말을 못 알아들어 허둥댈 때가 있다. 그래서 나는 '시드니에서 제일 영어 못하는 운전사'라는 자부심(?)을 갖기로 했다. 택시 안에서 영어를 고생시키는 것이 미안해서 될 수 있으면 'Yes' 아니면 'No'로 대답하기 때문에 본의 아니게 과묵한 동양인이라는 캐릭터가 만들어진 면도 있다. 그런데 영어 교육이라고는 받아보았을 리가 없는 중국 본토에서 온 중국인들 가운데 나보다 영어를 잘하는 사람이 있는 것은 신기한 일이 아닐 수 없다.

한번은 시드니의 유명한 환락가인 킹스크로스의 택시 랭크에서 세 번째 순서로 대기하고 있었는데, 어떤 여자가 첫 번째 차 운전사에게 가서 이야기를 하더니 그 차를 타지 않고 두 번째 차의 운전사와 이야기를 나누더니 그 차를 타고 떠나버렸다. 이상하단 생각이 들어 첫 번째 차 운전사에게 가서 "너, 왜 저 여자 안 태웠냐?" 하고 물었더니 아랍인으로 보이는 늙은 운전사가 시큰둥하게 "돈이 없으니 자기 집에 데려다주고 대신 섹스를 하자고 하잖아?"라고 했다. 어이가 없어서 "그럼 두 번째 운전사는 왜 태웠을까?"라고 물었더니 심드렁하게 "영어를 잘못 알아들었겠지!" 하는 게 아닌가? 여자 집에 도착해서야 비로소 사태를 파악했을 중국인 운전사의 황당한 얼굴을 생각하니 웃음이 터져 나왔다. 하마터면 내가 당할 뻔한 일이기도 했으니….

백인들을 태우고 다니다 보면 예기치 못한 돌발 상황에 자주 부닥친다. 황당하고 기가 막히거나 화가 나서 순간적으로 머리 뒷골이 뻣뻣해지고 심장이 멎을 것처럼 흥분이 되어 숨을 쉬기 어려울 만큼 힘들 때도 있었다. 그런 경험은 젊은 시절 전쟁터인 월남에서도 겪어보지 못한 일이었다. 왜 그런 현상이 생기는 것일까 하고 곰곰이 생각해보니 전쟁터에서는 생명이 걸렸지만, 택시 운전에는 돈이 걸려 있기 때문이라는 결론을 얻었다. 심지어는 운행을 나가기 전 클립에 동전을 끼워 넣을 때마다 월남에서 작전을 나가기 전 탄창에 M16 탄알을 장전하던 느낌이 들었다. 작전을 나갈 때는 다치지 않고 무사히 돌아올 수 있을까를 생각했지만 택시 일을 나갈 때는 수입을 걱정한다. 한 푼이라도 더 벌기 위하여 시간과 사람들의 흐름, 교통량 등을 계산하면서 줄곧 긴장하며 일해야 하기 때문이다.

공항과 기차역의 차이

공항뿐 아니라 때로는 중앙역에서 손님을 기다릴 때도 있다. 그런데 공항과 역의 분위기는 단적으로 말해 여행용 가방을 든 사람과 비닐봉지를 든 사람의 차이와 같다고 할 수 있다. 서울역 주변에 어설픈 인생이 많듯 시드니 중앙역도 마찬가지여서 역 구내에는 부랑인들이 어슬렁

거리고 아예 이부자리 펴놓은 사람들도 있다. 고로 공항에서 손님을 태울 때보다 기차역에서 손님을 태울 때는 신경을 훨씬 더 써야 한다. 그렇다고 공항에서 안심해도 되느냐 하면 그런 것도 아니다.

공항에서 손님을 태울 때 백인이 아닌 이상한 인종(이 말 자체가 이상한 말이지만—색깔이 있는)이 타면 순간적으로 마음이 불안해진다. 차례가 올 때까지 최소 한 시간을 기다렸는데 백인이 타면 멀리 갈 가능성이 크지만 이상한 인종이 타면 이상한 곳(공항 가까운 곳)으로 갈 가능성이 크기 때문이다. 실제로 이민자들은 집값이 비교적 싼 공항과 가까운 (당연히 시끄러운) 곳에 많이 산다.

승객 중 최악은 단연코 애버리지니(호주 원주민)다. 택시에 탄 뒤 도망을 가는 것도 아니고 아주 태연하게 돈을 안 내는 건 물론 오히려 돈을 달라는 종자도 있다. 백인들이 과거에 애버리지니에게 얼마나 나쁜 짓을 했든지 간에 택시 운전사 입장에서는 가장 기피하고 싶은 종족이다. 택시 운전사 입장에서는 원주민보다는 이민자가 낫고 이민자보다는 백인이 낫다.

내가 처음으로 애버리지니에게 당하고 나서 흑인 동료에게 이야기를 했더니 자기는 택시 운전의 첫 승객이 애버리지니였다고 했다. 호기심이 동해 어떻게 되었느냐고 묻자 "녀석이 돈도 안 내고 유유히 내려서 걸어가더라고. 그래서 나는 '애버리지니는 원래 택시비가 무료인가 보다. 그러면 나는 돈을 어디다 신청하지? 왜 택시 학원에서 그런 것을 안 가르쳐 주었을까?'라고 생각했다"고 해서 박장대소한 적이 있다.

02
노름꾼과
강도

도박 천국

　　　　　　무소유의 자유함! 물질이 없어야 자유로워진다는 것! 이거 순전히 구라다. 오히려 내가 자유로워야 물질이 필요 없어진다고 해야 맞는 말이다.

　무소유의 자유와는 정반대로 탐욕의 콜로세움이라고 할 수 있는 카지노를 한번 생각해보자. 알다시피 카지노에 돈 잃으러 가는 사람은 없다. 모두 돈 따러 간다. 처음부터 물질에 사로잡혀 있으니 자유가 있을 리 없다. 사람의 자제력이 가장 발휘되기 어려운 경기가 있다면 도박일 것이다. 이 때문에 도박판에서 지켜야 하는 원칙이 있다. 조금이라도 땄을 때 일어서야 한다는 것. 그런데 조금만 더 조금만 더 하다가 결국 모든 것을 잃고 만다.

결국 자기와의 싸움이다. 자기를 잃어버리고 돈을 따려고 하는 사람들이 모여드는 곳이 바로 도박장인 것이다. 이미 자기를 잃었는데 누가 돈을 딸 수 있겠는가? 돈이 돈을 따려니 돈을 잃을 수밖에 없다. 돈이 나를 자유롭게 하는 것이 아니고 내가 돈을 자유롭게 할 수 있을 뿐이다.

호주는 도박 천국이라고 할 만큼 어디든 포커 머신이 많다. 제대로 된 카지노가 아니라도 동네에 있는 클럽에 가보면 노인들이 포커 머신에 붙어 앉아 있는 모습을 볼 수 있다. 처음에는 이해가 잘 안 됐다. 수입도 없을 노인들이 왜 그렇게 도박을 많이 하는가 싶었다.

그러다가 한번은 클럽에서 문을 닫는 시각인 밤 12시에 한국 할머니 한 분을 태웠다. 그 늦은 시간에 집으로 가는 것이 아니라 새벽 4시까지 영업하는 다른 클럽으로 가자는 것이었다. 나는 짐짓 의아한 생각에 "피곤하지 않으세요? 집에 가서 쉬셔야죠." 하고 말을 건넸다. 할머니는 한숨을 내쉬며 "영감이 죽고 나서 밤에 잠이 안 온다오. 그래서 이렇게 밤을 새우기 위해 포커를 하는 거라오." 하는 것이 아닌가? 나는 순간 가슴이 찡해져서 "자녀분은 없으세요?" 하고 물었다. 그러자 "그 애들도 먹고살기 힘든데 어떻게 그런 사정까지 일일이 이야기하겠수? 내 일은 내가 알아서 해야지"라는 대답이 돌아왔다.

할머니의 깊은 마음에 감동해서 내릴 때 "돈 많이 따세요!" 하니까 "흥이나 보지 말우." 하고 답했다. 그 후에야 나는 노인들이 도박하는 마음을 비로소 이해할 수 있게 되었다. 동네 클럽에 2센트, 5센트짜리 포커 머신이 있는 이유가 있었던 것이다.

카지노를 먹여 살리는 중국인

노인을 겨냥한 저비용의 포커 머신 얘기를 하려고 도박 얘기를 꺼낸 것은 아니다. 카지노가 많은 호주에서 택시 기사를 하다 보면 아무래도 도박으로 돈을 잃은 손님을 태우는 일이 잦을 수밖에 없다. 처음에는 카지노에서 손님을 태울 때, 일단 손님의 안색을 살펴야 할 것 같았다. 돈을 잃은 사람의 신경을 건드려봤자 좋을 것 없기 때문이다. 그런데 실제로는 신경 쓸 것 하나 없었다. 왜? 돈을 딴 사람은 거의 없고 잃은 사람이 대부분이니까. 카지노에서 돈을 모두 털렸으니 택시비 안 내고 도망갈 가능성에 신경 써야 할 것 같지만 실제로는 그렇지 않다. 다른 곳에 비해서 카지노에서 탄 사람이 택시비를 안 내고 도망간 예는 매우 드물다. 카지노에서 택시 타는 사람 중 관광객이나 카지노에 업무 보러온 이를 제외하면, 순수 카지노 손님의 대부분이 중국인이기 때문이다. 호주의 카지노는 중국인들이 먹여 살린다고 해도 지나친 말이 아니다. 중국 명절이 되면 호주의 카지노는 완전히 중국처럼 장식을 한다. 이런 호사를 누리는 중국인들이 택시비를 안 내고 도망가는 일은 드문 편이다. 물론 그들이 정직해서 그러는 것으로 보이진 않는다. 경험상 택시에서 문제를 일으키는 인간은 대부분 호주 백인이다. 중국인을 포함해 동양인 이민자들이 택시에서 사고를 치는 경우는 별로 없다. 이는 동양인이 서양인보다 낫기 때문에 생기는 현상이 아니라 아무래도 남의 나라에 산다는 생각 때문에 조심하느라 그러는 것일 게다.

한번은 초라한 행색의 중국 여자가 탔는데 바퀴 한 번 굴러갈 때마다 땅이 꺼지라고 한숨을 쉬어서 엔진 꺼질까 봐 걱정이 될 지경이었다. 하도 딱해 보여 얼마나 잃었느냐고 물으니 5시간 만에 2000달러를 잃었단다. 택시비나 있을까 싶어 걱정했는데 허름한 집 앞에 차를 세워놓고 들어가더니 50불짜리 지폐를 가지고 나왔다. 참 알 수 없는 중국인들이다.

놀이와 도박의 경계

백인들 가운데도 도박 때문에 패가망신한 사람이 어찌 없겠나? 카지노가 차지하는 비중이 호주 경제의 2퍼센트에 해당하고 관련 산업 종사자가 7만 6000명이라니 엄청난 규모가 아닐 수 없다. 호주인 한 사람당 일주일에 도박에 지출한 금액이 자동차 기름값과 수리비보다 많단다. 1년에 국민 1인당 1000달러를 손해보고 도박 산업은 이익을 본다는 통계도 있다.

그러다 보니 대한민국에서 담배 팔아 번 돈으로 흡연의 피해에 대해 캠페인을 하는 것처럼 카지노도 수입금 중 얼마를 카지노 피해 캠페인에 쓰도록 법으로 정해져 있다. 병 주고 약 주는 정책이다. 카지노의 후원을 받아 도박 피해 캠페인을 벌이기도 한다는데 주제는 도박을 하지 말라는 게 아니라 어떻게 하면 건전하게 도박을 잘할까 하는 것이다. 건전하게 도박을 하라니 좀 웃기는 주제이기는 하지만 알아둘 필요는 있을 듯하다. 과연 어떻게 하는 게 건전하게 도박을 하는 것일까?

  서구인들의 세계에서는 도박을 하다는 것에 대하여 죄의식을 느끼는 경우가 거의 없다. 그런데 한국인들은 소문날까 봐 쉬쉬한다. 대부분의 한국인이 도박은 나쁜 것이라는 선입견을 가지고 있는 것이다. 왜 그럴까? 엄밀하게 말하자면 공으로 탁구나 테니스를 하는 것처럼 도박도 돈을 가지고 노는 놀이라고 볼 수 있을 텐데 말이다.

  다른 게임처럼 단순히 도박을 즐기려고 하는 사람들은 건전하게 도박을 하는 사람들이고 돈을 따려고 도박을 하려는 사람은 건전하지 못한 사람이라는 논리는 어떤가? 말은 그럴 듯한데 실제로는 아주 어려운 문제가 아닐 수 없다. 사람을 유혹해놓고서 참으라는 것과 똑같다. 이런 유혹은 에덴동산 이래 인간이 항상 실패한 부분이 아니던가? 그러니까 카지노에서의 경계선은 마치 에덴동산의 선악과 같은 것이다.

25

노름꾼과 강도

한인들을 상대로 하는 도박 피해 세미나에서 나도 유학생의 도박 문제에 대해 발표를 한 적이 있다. 정신적으로 아픈 사람이 아니고서는 본인이 힘들게 번 돈을 가지고 도박을 하는 사람은 없다. 도박이 생활화되어 있는 중국인을 제외하고 카지노에 자주 출입하는 사람의 대부분은 자기 손으로 힘들게 돈을 버는 사람이 아니다. 보통 사람이라면 생각지 않게 들어온 돈이나 쉽게 들어왔기 때문에 쉽게 나가도 별로 아깝지 않은 돈이 없이는 도박에 손을 대지 않는 법이다. (물론 한국 사람 가운데 한 주간 내내 힘들게 노동해서 번 돈을 일요일에 카지노에 몽땅 헌금할 정도로 믿음이 좋은 사람도 있기는 하다.)

그런데 부모가 송금해주는 돈으로 생활하는 유학생 중에 가끔 카지노에 빠지는 사람이 있다. 부모와 함께 사는 교민의 자녀들은 은행 계좌가 필요 없지만 유학생들은 정기적으로 한국에서 송금을 받아야 하기 때문에 은행 계좌가 필수적이다. 유학생들은 현금을 본인이 관리하기 때문에 교민 자녀들에 비하여 많은 돈을 가지고 있어서 도박의 위험에 빠질 우려가 많다. 한국 유학생들 중에서 도박에 빠져 몸 버리고 신세 망친 사람이 하나둘이 아니다.

가끔 가다가 한국에서 아는 사람이 와서 카지노에 가면 자기가 게임하는 동안 해보라고 돈을 건네는 사람이 있다. 그때 나는 그 돈을 그대로 가지고 있다가 카지노에서 나올 때 성경의 '달란트 비유'에 나오는 요령 없는 종처럼 그대로 돌려준다. 카지노는 예수가 비유한 천국과 같이 '뿌린 대로 거두는' 이치가 통하는 곳이 아니기 때문이다.

사실 나는 어렸을 적부터 딱지치기, 구슬 따먹기 같은 놀이도 거의 하지 않았다. 아니, 몇 번 하기는 했는데 따지는 못하고 잃기만 하니 재미가 없었던 것이다. 그 뒤로 남의 것 따먹는 일은 내 사주팔자에 없는 모양이라고 생각하며 살았다.

이런 내 생각에 확신을 더해주는 경험을 했다. 카지노에서 나이 든 신사를 태워주다 생긴 일이었다. 택시 요금으로 14달러가 나왔는데 50달러짜리를 내미는 것이었다. 잔돈이 공교롭게 5달러밖에 없었고 주변에 돈을 바꿀 만한 주유소나 가게도 없어서 난감하던 차에 손님이 의외의 제안을 했다.

"내가 이 돈을 다 줄 수도 없고 당신이 돈을 받지 않을 수도 없으니 내기를 합시다. 1달러짜리 동전을 던져서 여왕이 나오면 당신이 갖고 숫자가 나오면 내가 갖는 걸로 하죠. 어떻습니까?"

알고 보니 이 신사는 전문 도박꾼이었다. 역시 프로는 프로답게 노는 모양이다. 재빨리 계산을 해보니 손님이 지면 36달러 손해를 보는 것이고 내가 지면 14달러 손해를 보는 것이어서 해볼만 하다는 생각이 들기도 하고 실제로 다른 방법을 찾을 수 없어 그러자고 했다.

결과는 숫자가 나와서 나의 패배였다. (역시 남의 돈 따먹을 팔자는 아닌 것이다.)

손님이 "미안합니다." 하며 돈을 도로 지갑에 넣었지만 나는 전혀 기분이 나쁘지 않고 오히려 웃음이 나왔다. 비록 손해를 보았지만 즐거운 순간이었다. 손님이 기분 좋게 내리려는 순간에 내가 물었다.

"잠깐만요! 내일도 카지노에 가실 건가요?"

"예. 갈 겁니다"

"그럼, 한 번 더 내기를 하시죠. 내일 도박에서 당신이 이기면 나에게 50불을 주고 지면 그만두세요."

신사는 흔쾌히 약속을 하고 내 휴대폰 번호를 적어갔다. 다음 날 연락은 없었다. 돈을 따고 연락을 하지 않을 사람 같아 보이지는 않았으니 아마도 돈을 잃었나보다 생각하고 있다. 왜냐하면 그는 진짜 프로 겜블러였기 때문이다.

카지노에서 태운 손님들이 종종 나보고 "당신은 도박을 안 하느냐?"고 물을 때가 있다. 내가 "안 한다"고 하면 모두가

'잘하는 일'이라고 대답하지 '이렇게 좋은 걸 왜 안 하느냐'고 따져 묻는 사람을 한 명도 보지 못했다.

 이렇듯 카지노 손님을 많이 접하며 도박의 폐해에 대하여 고민하던 차에 의외의 경험에서 답을 얻을 수 있었다.

무소유의 자유함

　　　　　　　　　보슬비가 슬금슬금 내리는 어느 날, 아직 해가 뜨지 않아 주위가 어두침침한 새벽 6시쯤 신문을 사기 위해서 'NEWS AGENCY'(신문, 잡지 등을 파는 구멍가게) 앞에 차를 세웠다. 호주는 신문을 집으로 배달해주지 않고 사람들이 가게로 사러 가는 게 일반적이다. 신문을 사러 동네 가게를 들르는 것도 하루 일과 중 한 가지여서 조금도 귀찮게 생각하지 않으며 오히려 즐긴다. 집에서 할 일이 별로 없는 노인들은 신문과 우유를 사러 가는 일이 유일한 외출이요 운동 시간이기도 하다.

 차에서 신문값인 2달러짜리 동전을 들고 아무 생각 없이 가게에 들어섰는데 갑자기 눈앞을 웬 놈이 떡 막아서더니 내 가슴에 식칼을 들이대는 것이 아닌가?

'이건 뭐야?' 하는 생각에 눈을 크게 뜨고 보니 영화에서나 보던 눈구멍 뚫린 모자를 뒤집어쓴 녀석이 날카로운 잭나이프도 아니고 무식하게 생긴 식칼을 들고 나를 위협하는 것이 아닌가? 정신을 가다듬고 가게 안을 살펴보니 주인 여자는 카운터 뒤에 서서 몸을 웅크리고 부들부들 떨며 어린애처럼 "I'm scared! I'm scared!"(무서워요! 무서워요!)라는 말만 되풀이하면서 울고 있었다. 또 한 놈은 가게 안쪽에서 이것저것을 보따리에 주워 담느라 분주했다. 문 앞에서 망을 보던 녀석이 내가 들어서자 칼을 들이댄 것이었다.

그놈은 낮은 소리로 나에게 "Give me wallet! wallet!"(지갑 내놔! 지갑!)이라고만 했다. 나는 태연하게 신문값을 계산하기 위해 동전을 카운터에 놓으면서 "Sorry! I haven't got a wallet."(미안해요. 지갑이 없어요.) 하고 답했다. 강도는 왼손으로 내 옷을 급하게 더듬어 보더니 지갑이 없는 것을 확인하고 난 다음 재빨리 밖으로 튀어나갔다. 순식간에 벌어진 일이라서 놀랄 겨를도 없었던 것 같다.

나는 자동차번호라도 기억해두려고 가게를 나서 놈들을 몇 발짝 따라갔다. 그런데 어럽쇼? 놈들이 두건을 벗더니 차를 타지도 않고 뛰지도 않는 것이었다. 아무 일도 없었다는 듯 유유히 걸어 나가는 게 아닌가? 아마도 가게 앞 큰길에 세워두면 눈에 띌까 봐 뒷골목에 차를 세워둔 모양이었다. 가게로 도로 들어가자니 경찰이 곧 올 것이고 그러면 꼼짝없이 증인이 되어야 할 판이었다. 난처한 상황이라 조금 비겁하지만 그냥 그 자리를 떠날 수밖에 없었다. 아무래도 이쯤에서 조용히 사라지는 편이 손해를 덜 보겠다는 판단이 들었기 때문이다. 영화의 한 장면처럼 울고 있는 여인을 뒤로 한 채 말 없이 새벽 안개를 헤치고 집으로 돌아왔다. 내 생애 딱 한 번 약간 비겁했던 순간이었다.

집으로 와서 가만히 사건을 생각해보니 조금 전 벌어진 사건이 진짜로 일어난 일인지 꿈을 꾼 것인지 판단이 잘 안 설 지경이었다. 그날 칼을 든 강도 앞에서 내가 어떻게 그렇게 태연할 수 있었던가 하는 것을 여러모로 생각해보았지만 분명한 이유를 알 수 없었다. 나는 '겁'이 조금 모자라고 모험심이 과한 성격이기는 하다. 지금까지 살아오면서 소위 '겁대가리'가 부족해서 무모한 일을 저지른 적이 한두 번이 아니다. 그런 까닭에 피할 수 없이 나와 함께 살아야 하는 종신형에 처한 아내는 '겁'을 먹어야 하는 일이 다반사였다.

그런데 어느 날 중세기 기독교의 가장 위대한 신비주의자였던 마이스터 에크하르트의 글을 읽다가 그 사건의 정답을 발견하게 되었다. 그건 내가 겁이 없어서가 아니라 돈이 없었기 때문이라는 것. 즉 내가 가진 것이 아무것도 없어서 빼앗길 것이 전혀 없었기 때문이었던 것이다. 내가 돈을 조금이라도 가지고 있었다면 빼앗길까 봐 불안했을 것이고, 많이 가졌을수록 더욱 불안해했을 것이다.

'비울수록 평안하다'는 말의 의미를 깨닫는 순간이었다. 강도가 가슴팍에 칼을 들이대는데 겁먹지 않을 인간이 세상에 어디 있겠는가? 그 순간 나는 용감한 사람이 아니라 기관총을 들이대도 빼앗길 것이 없는 무일푼의 존재였던 것이다.

아아! 그런 것이었다. 바로 무소유의 자유함!

최소의 소비, 최대의 자유

공항에서 행색이 남루한 노인이 30년은 되었을 법한 구닥다리 가방을 들고 택시에 탔다. 보통 백인들은 운전사에게 말을 걸지 않지만 이 노인은 친절하게 말을 걸어와서 나도 이것저것을 물어보았다. 다윈이라는 호주 북부에 있는 도시에서 왔다고 해서 호기심이 생겨 거기서 무얼 하느냐고 물었더니 호주에서 30명밖에 없는 가톨릭 고위 성직자인 주교라고 했다. 그러고 보니 그의 남루한 행색이나 고물 가방이 오히려 돋보였다. 호주에서는 수녀들도 평상복을 입고 다니기에 누가 수녀인지 알 수가 없다. 가끔 화장하지 않고 검소한 복장을 한 고상한 할머니들을 보면 대부분 수녀였다.

내가 한국에서부터 알고 있는 호주인 성공회 수사가 있다. 한국에서 성 프란시스코 수도회를 운영하는 크리스토퍼라는 사람인데 가끔 고향인 호주로 오기 때문에 인연이 이어지고 있다. 그런데 한국이 아닌 호주에서 처음 만났을 때 한국에서처럼 그에게 돈을 주지 않았다. 헤어지고서야 내가 지금은 한국에서와는 달리 돈을 버는 사람이라는 사실이 생각나 돈을 주지 못한 것을 얼마나 후회했는지 모른다. 종교적 상식이 있는 사람이라면 수사를 만나면 많든 적든 반드시 돈을 주어야 한다. 왜냐하면 그들은 나를 만나러 올 차비는 있어도 돌아갈 차비가 없을 수도 있는 사람들이기 때문이다. 그들은 예수의 말대로 '청빈'의 원리를 지키며 사는 사람들이다.

물론 수도사가 아니면서도 그렇게 산 사람이 있다. 미국 명문 대학 경제학 교수 출신의 스콧 니어링은 경제적 은둔 생활을 하며 자본주의 사회를 극복하는 삶을 살았다. 그는 거의 100살까지 '나물 먹고 물 마시는 생활'을 했는데, 이는 '나물과 물'로 어떻게 자본주의에 대항할 것인가를 몸소 보여준 것이라 할 수 있다. 자본주의 사회에서 '최소의 소비로 최대의 자유'를 누리는 삶을 실천했기 때문이다.

니어링 부부는 현대 문명이 만드는 선택들을 뿌리치고 '전근대적'인 삶을 꾸려나가는 고행을 기꺼이 택했다. 신체의 한계에 도전하는 마라토너들의 역주를 보며 본능적으로 감명을 받는 것과 같이 많은 현대인들이 니어링 부부의 삶을 보고 감명을 받았다.

그의 자서전을 아직 읽어보지 못한, 엄청나게 불행한 운명에 빠져 있는 사람이 있다면 어떻게든 구해서 일독하시기를 권한다. 아니, 두 번 세 번 읽으셔도 좋다.

03
한국인의 똥폼과 거드름

관상과 본성

한국에 있을 때는 관상에 전혀 관심이 없었지만 호주에서 택시 운전을 하게 된 다음부터 관심이 생겼다. 아니, 가질 수밖에 없었다. 왜냐하면 손님이 일단 택시에 타면 30초 안에 그 인간의 됨됨이를 파악해서 혹시라도 발생할지 모르는 사고에 효과적으로 대처해야 하기 때문이다. 그래서 이제는 나름대로 'Facialogy'(사전 찾지 마시라. 내가 만든 말이다) 전문가가 되어버리고 말았다. 비록 논문으로 발표

한 바는 없으나 인고의 택시 운전 15년 세월 동안 집중도가 높은 연구를 통하여 정리한 이론이니만큼 심오하지 않을 수가 없다 하겠다.

즉 쩨쩨하게 생긴 놈은 쩨쩨하고, 치사하게 생긴 놈은 치사하고, 유치하게 생긴 놈은 유치하고, 짜게 생긴 놈은 짜더라는 것이다.

그렇다고 오해하진 마시라. 이 심오한 이론에도 변수가 있다. '가방끈'에 따라서 정확도에 차이가 난다는 것이다. 즉 덜 배운 사람들은 얼굴에 비교적 솔직하게 나타나서 쉽게 판독할 수 있는데, 가방끈이 긴 사람일수록 판독하기 어렵다는 얘기다. 지식, 인격, 체면, 교양, 신앙 등으로 덕지덕지 화장을 해서 좀처럼 본색이 드러나지 않는 것이다. 이는 동서양이 마찬가지일 것이다. 나의 '관상력'이 그런 것까지 꿰뚫어볼 수 있어야 하는데 솔직히 말해 아직 그 정도는 안 된다. 왜냐하면 내 관상력은 어디까지나 영업상 필요한, 백인들에 한한 것이기 때문이다. 한국인은 내 고객이 아니기 때문에 지금까지 정립해온 나의 'Facialogy'로는 설명이 안 되는 미지의 영역이다.

백인들은 대개 겉이 이상하면 어김없이 속도 이상하다는 점에서는 아직 순진한(?) 구석이 남아 있다고 해야 할지도 모르겠다. 반면 한국인은 겉은 멀쩡해도 속이 이상한 경우가 많아서 겉만 보아서는 도무지 어떤 인간인지 종류를 짐작할 수가 없다.

세계적인 관광도시인 시드니에서 세계 만민을 골고루 태우고 다니는, 구를 대로 굴러본 택시 운전사로서 나름대로 터득한 나의 나라별, 인종별 사람 분류법을 소개하겠다. 국적도 다양하고 인종도 많지만 우리 주변에서 쉽게 만날 수 있는 한, 중, 일 삼국의 사람들과 백인들만 비교해보도록 하겠다.

조바심에 덧붙이는 말이지만 인종에 관하여 섣부르게 일반론을 펴는 것은 인종적 편견으로 이어질 수 있는 위험한 발상이다. 여기서 언급하는 특징들을 일반화하여 이해하기보다 나의 경험과 감정에 기초한 사례를 소개한 것으로 봐주시면 감사하겠다.

호주에서 택시 운전을 하다 보면 그러지 않으려 해도 태우는 인종에 따라 달리 대처하는 법을 몸에 익히게 된다. 인도인이 타면 기분 나쁜 일이 생길 경우를 대비해야 하고(개인적으로 천국에 보내준다고 하더라도 인도인과 함께 산다고 하면 사양을 할 마음이다. 반대로 인도인이 없다면 지옥행도 한번쯤 고려해볼 문제라고 생각될 정도로 인도인들과는 불편한 기억이 많다), 중국인이 타면 무시를 당하는 것이 아니고 무시할 준비를 해야 하는 반면 일본인이 타면 신경을 안 써도 된다. 그러나 무리 없고 반듯한 일본인들을 볼 때마다 기분이 좋은 것만은 아니었다. 수백 년간 절절히 일본에 당해온 역사를 지닌 민족의 후손인 탓이기도 하지만 양국 사이에 앞으로 어떤 일이 생긴다면 냉정하게 생각해서 축구 빼놓고 어느 모로 보아도 일본인들을 당할 수 없을 것이라는 두려움 때문이다. 나는 지금도 일장기만 보면 가슴이 서늘해지는 세대라서 그런지 일본인들이 무섭다. 이것은 개인적인 감정만은 아닐 것이다. 만들어내는 물건을 봐도 일제가 어느 모로 보나 국산품보다 반듯하다. 이런 사람들과 유사시에 경쟁을 벌이게 된다면 상대가 안 될 것 같다는 생각이 들 수밖에 없다. (물론 나의 이런 생각이 철저히 기우였으면 좋겠다.)

역사적으로 백인들이 이뤄낸 수많은 탐험과 개척 사례를 보면 그들이 진취적이고 개척 정신이 넘치는 편이라는 사실을 부정할 수는 없을 것이다. 동양인 중에서 가장 진취적인 민족을 들라고 한다면 유감스럽게도 일본을 꼽아야 할 것 같다. 호주에서 볼 수 있는 재미있는 현상 중 하나는 어느 시골구석을 가도 일본 젊은이들이 돌아다니는 모습을 만날 수 있다는 것이다. 한국 젊은이들은 농장에서 일하지 않는 한, 여행을 다녀도 도시 주변만 맴돈다. 이런 이유 때문인지 일본 관광객들은 가끔 엉뚱한 곳에서 희생을 당하기도 한다. 한편 옷차림이나 하고 다니는 것을 봐도 일본인은 개성이 있는 반면 한국인들은 같은 공장에서 나온 제품처럼 똑같다.

길거리에 서 있는 동양인은 먼 데서 한눈에 봐도 일본인인지 중국인인지 한국인인지 알아볼 수가 있다. 요즘은 꽤 달라져 점점 분간하기가 어려워지고 있는 추세이기는 하다. 그렇지만 중국 사람은 옷을 입느라 애를 많이 쓴 것 같은데도 어쩐지 보람이 없어 허무해 보이고, 일본인들은 자유롭게 제멋대로 옷을 몸에 걸쳤는데도 주변을 의식하지 않고 자신감 넘치는 태도로 다녀서인지 눈에 거슬리지 않는다. 반면 한국 사람들은 옷을 잘 입으려고 밤잠 안 자고 노력한 모습이 역력하다.

나는 호주에 돌아다니는 동양인 중 누가 한국인인지를 언제 어디서나 한눈에 알아볼 수 있었다. 우선 여자들은 나이를 막론하고 멋을 내느라 애를 쓴 티가 단번에 난다. 남자들은 때와 장소를 가리지 않고 체형과 상관없이 항상 나름의 자세, 속칭 '똥폼'을 잡는 모습을 보여준다. 길거리에서 담배를 꼬나물고서 있는 경우 손을 허리에 올린다든지, 뒷짐을 진다든지, 한쪽 다리에만 힘을 주고 헐렁하게 서 있는다든지, 공연히 빈약한 어깨에 힘을 준다든지, 하여간 어떤 폼이든 잡고 있는 모습을 발견할 수 있었다. 서양인들은 대체로 자기 체형에 맞게 자연스러운 자세를 취하고 있는 반면 한국인들은 그런 자연스러운 느낌이 없었다. 아마도 항상 주변을 의식하는 심리가 은연중 드러나기 때문일 것이다.

  백인들은 대개 친절하게 행동하는 편이다. 무뚝뚝하고 불친절하기는 한국 사람이 단연코 영예의 금메달감일 것이다. (그래도 지금은 많이 나아진 편이다.) 내가 어렸을 적에는 단순히 '쳐다봤다'는 것만으로 싸움이 벌어지는 일이 잦았으니 말이다. 보통 "왜 째려봐?"로 시비가 붙었다. 잘 모르는 동네나 장소에 가면 새색시처럼 눈을 내리깔고 조용히 다니는 게 상책이었다. 함부로 두리번거리다간 대번 시비가 붙었다.

  반면 백인들은 보통 '땡큐'를 입에 달고 산다. 택시에서 내릴 때 신용카드를 내주면서 '땡큐', 청구서 받으면서 '땡큐', 청구서에 사인한 후 돌려주면서 '땡큐', 영수증 받으면서 '땡큐', 내리면서 '땡큐', 최소한 다섯 번은 '땡큐'라고 한다. 증세가 심한 사람은 방향 지시를 할 때마다 '땡큐'를 붙인다. 예를 들면 "턴 라이트, 땡큐" "턴 레프트, 땡큐", 이런 식이다.

한번은 한적한 시골길을 가다가 조그만 가게에 들렀다. 우리 일행이 들어서니까 주인이 가게 안에서 늘어지게 누워 있던 개에게 나가라고 했다. 개가 나가니까 주인이 개에게 "땡큐" 하는 것이 아닌가? 세상에!

이러니 백인들한테는 '땡큐'라는 말이 감사하다는 표시가 아니라 말의 끝에 붙는 '감사 접미사'일 뿐이라는 생각이 들었다. 그러나 '땡큐'를 남발한다 하더라도 아예 안 하는 것보다는 100배는 나을 것이다.

이와 달리 맞아 죽어도 '땡큐'를 못 하는 사람들도 있다. 바로 본토 출신 중국인들이다. 이들은 택시에서 내릴 때 마치 싸우고 가는 사람처럼 소리 없이 문을 꽝 닫고 내린다. 서구 사회에서는 아무리 막돼먹은 종자라도 이런 사람은 없다. 처음에는 너무 이상했는데 지금은 중국인이 문을 꽝 닫는 순간 "Fucking Chinese!"라고 습관적으로 읊조리고 만다. 나만 기분 나쁠 수는 없다는 생각에 나도 모르게 나오는 욕이다.

공교롭게 내가 태운 중국인들은 남녀노소, 빈부귀천, 배운 사람이나 못 배운 사람을 막론하고 어쩌면 그렇게 나쁜 쪽으로 행동이 통일됐다는 인상을 주는지 참으로 알 수 없는 일이었다. 전통적인 가치가 무너지고 오랫동안 공산주의 밑에서 살다 보니 남에게 감사할 일이 없어서 그런 것이 아닌가 하고 짐작할 뿐이다.

백인들은 워낙 개성이 뚜렷해 인종별 특징을 규정짓기 어렵다. 굳이 분류한다면 한, 중, 일 삼국 사람들보다 나은 등급의 인간이 존재하는 반면 이에 못 미치는 아래쪽 등급의 사람이 있다고 할까. 달리 말해 고품질의 제품을 생산할 수 있는 시설을 갖췄지만 불량품이 많이 나오는 공장의 시스템을 생각하면 된다. 즉 사회체제가 철저히 제멋대로인 개인주의여서 'Quality Control'(품질관리)이 제대로 안 되고 있는 공장이라는 얘기다. 같은 비유를 적용해본다면 한국은 전체적으로 제품의 질은 좀 떨어지지만 불량품이 비교적 적은 생산라인이라고 보면 될 것 같다.

어느 쪽이 좋다고 평가하기 힘들지만 택시 운전을 하며 다양한 인종을 태우다 보면 출신 국가별 특징이 도드라지기 마련이다. 한국 사람들이 외국에 나갔을 때 상대에게 좋은 인상을 남기는 것이 특징이 되는 날이 하루빨리 오기를 바랄 뿐이다.

유머는 생명이다

한번은 점잖은 신사 한 분이 택시에 탔는데 깜짝 놀라고 말았다. 너무 낯익은 얼굴이었기 때문이다. 출발하고 나서 다시 한 번 얼굴을 훑어보고 조심스럽게 "클린턴 닮았다는 소리 많이 듣지 않으세요?" 하고 물었지만 신사는 말없이 그저 씩 웃기만 했다. 상대방이 아무 말을 안 하기에 말을 더 붙이는 것도 실례가 되는 일이라서 그저 운전만 했다. 그렇게 한참을 침묵하더니 신사가 "클린턴 재직 시에 내가 왜 미국에 가지 못했는지 아십니까?" 하고 물었다. 뜬금없는 질문에 "왜 그렇죠?" 하고 물었더니 "암살당할까 봐"라는 대답에 너무 웃겨서 하마터면 운전대를 놓칠 뻔했다. 그다음부터는 '클린턴 시리즈'가 줄줄 흘러나오는데 천연덕스럽게 꾸며대는 유머를 보니 많이 해본 솜씨였다. 실제로 그는 클린턴 대통령 임기 말기에 클린턴의 딸 첼시와 비슷한 나이인 자기 외동딸과 아내를 데리고 미국을 가서 백악관으로 관광을 갔었단다. 때마침 시골에서 백악관 견학을 온 학생들이 자기를 발견하고 놀라 기념사진을 찍자고 하기에 클린턴을 대신해 줄줄이 사진을 찍어주었다고 했다.

공교롭게도 그가 머무는 호텔에서 무슨 콘퍼런스가 열렸는데 당시 부통령이었던 앨 고어가 오기로 되어 있었단다. 신사가 엘리베이터에서 나가니 고어의 경호원들이 깜짝 놀라며 순식간에 자기한테 몰려오더란다. 어디까지가 사실이고 어디까지가 과장인지 몰라도 그의 이야기는 목적지에 도착할 때까지 이어졌다. 택시에서 내리는 신사를 향해 "당신이 미국인이 아니고 호주인인 것이 천만다행입니다." 하고 말했더니 자기도 그렇게 생각한다고 했다. 팁을 한 푼도 안 주는 것을 보니 확실히 그는 호주인이었다.

서구 사회에서 유머가 차지하는 비중은 매우 크다. 나는 손님을 기다릴 때는 책을 읽지만 운전 중에는 라디오를 듣는다. 주로 교양프로 전문방송이다. 그런데 어떤 주제든 강의 도중에 웃음이 안 나오는 경우가 별로 없다.

심지어 목사의 설교도 마찬가지여서 유머가 없으면 실패한 설교로 보일 정도다. 실제로 호주 목사들은 설교 준비를 해놓고 마지막으로 적당한 유머를 찾는 일에 시간을 제일 많이 쓴다고 한다. 적당한 유머를 못 찾으면 설교 주제와 상관이 없는 것이라도 하나 하고 넘어가야 한단다. 사람을 평가할 때도 점수를 가장 많이 주는 대목이 유머 감각이 있느냐 하는 것이다.

장례식이 아닌 한 모든 행사에는 유머가 생명이다. 마주 보고 삿대질하는 국회 토론장에서도 마찬가지다. TV 의회 중계방송에서 의원들이 발언하는 장면을 보다 보면 가끔 재미있는 일이 벌어진다. 상대방을 조롱해서 자기 당 의원들을 웃음바다로 만드는 것이 보통이다. 상대 당 의원들이야 당연히 기분 나쁘겠지만.

영국 의회에서 있었다는 에피소드를 하나 소개한다. 한 야당 의원이 장관에게 물었다. "아버지가 수의사셨다면서요?" "그렇습니다만, 어디 편찮으십니까?" 상대를 한순간에 짐승으로 만드는 순발력, 보통 이 정도는 되어야 한다.

한국 사람들은 어떤가? 한국인은 사람들을 모아놓고 재미없게 만드는 데 타고났다. 어떤 행사를 가더라도 재미없고 딱딱하고 지루하고 졸리고 공연히 화장실에 가고 싶게 만드는 느낌이다. 헐레벌떡 시간 맞춰 갔는데 높은 사람이 도착하지 않았다든지, 준비가 덜 되었다며 대책 없이 지루하게 기다리게 하는 일이 다반사인 것이다.

왜 이런 일이 벌어질까? 행사의 주인은 두말할 것도 없이 참가한 대중이지만 한국의 주최 측은 단상에 앉아 있는 사람들을 주인인 양 생각하기 때문이다. 전통적으로 내려온 유교 문화 탓이다. 대단한 행사도 아닌데 격식은 왜 그렇게 많이 따지는지 지루해서 하품이 나올 지경이다. 나는 '사람 모아놓고 재미없게 만드는 죄'를 가장 큰 죄로 꼽고 싶다.

한번은 호주인 150명, 한국인 200명 정도가 참석하는 '한국전, 월남전 참전 전우들의 우호증진의 밤' 행사가 있었다. 사회를 맡게 된 나는 고민을 많이 했다. 문제는 유머였다. 두 나라 사람들을 함께 웃기는 유머를 어떻게 찾느냐가 관건이었다. 아들과 둘이서 머리를 맞대고 유머를 짜냈다. 그런데 당일 행사에서 비장의 카드가 먹히지 않아 매우 당황스러웠다. 그때 돌발사태가 발생했다.

한국 측을 대표해서 총영사가 인사를 하려는 순간 갑자기 행사장의 비상벨이 오작동으로 정신없이 요란하게 울리기 시작했다. 황급히 호텔 관리자가 와서 벨을 끄기까지 한참이나 걸렸다. 사회자로서 나는 이 총체적 난국(?)을 어떻게 수습할 것인가를 순간적으로 고민해야 했다. 그러다 총영사의 연설이 시작되기 전에 "원래 한국에서는 귀빈이 연설할 때는 비상벨이 울리게 되어 있지요." 하고 간단한 멘트를 던지자 행사장이 순식간에 웃음바다가 되었다.

시기적절하게 유머를 한다는 것, 정말 쉬운 일이 아니다. 택시 운전을 하면서는 유머를 하고 싶어도 영어가 안 되어 못하는 일이 빈번하다.

어느 날, 머리가 하얗게 센 블루칼라 영감 셋이 택시에 오르더니 이야기를 시작했다. 이들은 모든 단어에 'fucking'을 붙였다. 예를 들면 "fucking taxi, fucking airport." 하는 식이었다. 시드니에 출장 왔다가 가는 모양인데 젊은 애들도 아니고 늙은이들이 어떻게 말끝마다도 아니고 모든 단어에 정확하게 'fucking'을 넣어서 얘기할 수 있는 건지 정말 신기할 지경이었다. 공항에서 도착하자 "What's the damage?"라고 하기에 나는 장난삼아 큰소리로 "Fucking fifty dollar!"라고 답했다. 처음에는 어이없는 표정을 짓더니 금방 웃음이 터졌다.

여기서 사용된 'damage'는 우리말로 하자면 '얼마 깨졌냐?'라는 뜻의 슬랭이다. 한국에서는 혼잣말로 '얼마 깨졌다'라고 할 수는 있지만 돈을 주면서 상대방을 향해 '얼마나 깨졌냐?'고 묻지는 않는다. 이를 보면 확실히 백인 중에 '불량품'이 많다.

나도 처음 이런 표현을 들었을 때는 무슨 소리인지 이해를 못 해 '승객이 가지고 온 뭔가가 깨졌나?' 하고 택시 안을 두리번거리고 나서 "깨진 게 없는데요?"라고 말했을 정도였다. 택시 요금이 얼마 나왔느냐고 묻는 말일 줄은 상상도 못 했기 때문이다.

다행히 내겐 운전을 하면서 지랄 맞은 백인들을 만날 때마다 나쁜 기분을 상쇄하기 위해 떠올리는 백인 아줌마가 있다. 이해하기 쉽게 서울 지명으로 바꿔 이야기를 풀어보겠다. 은평구 역촌동의 택시정류장에서 손님을 기다린 지 30분쯤 되었을 때 콜이 떴다. 가까운 거리로 가는 콜일 경우 내가 안 잡으면 뒤에 있는 차로 가게 되어 있다. 목적지가 '신사동'이라기에 강남구 신사동이겠거니 생각하고 '옳거니, 기다린 보람이 있구나!' 싶어 선택을 하고 차를 몰아 손님을 태우러 갔다.

점잖게 생긴 아주머니가 타서 몇 킬로 안 가더니 목적지에 다 왔다는 것이다. 아차! 강남구 신사동이 아니라 역촌동 바로 옆 동네인 은평구 신사동이었다. 강남구 신사동을 가면 50달러는 나왔을 텐데 은평구 신사동이니 요금이 7달러밖에 안 나올 수밖에! 호주 아줌마는 10달러를 내고 거스름돈을 팁으로 가지라고 했다. 호주는 팁 문화가 없기 때문에 이런 경우가 별로 없지만 나는 기가 막혀 울고 싶은 심정이었다.

다시 택시정류장으로 돌아가 내 차례를 기다리려면 최소한 30분 이상은 걸릴 테니, 결국 한 시간에 7불을 벌 수 있을 뿐이었다. 사정을 알 리 없는 아줌마가 입으로는 "땡큐!" 하면서도 지구 최후의 날을 맞은 것 같은 내 인상을 보더니 이해가 안 되는 표정으로 "왜 그러시죠? 뭐가 잘못됐나요?" 하고 물었다. 할 수 없이 나는 비참한 마음 그대로 내 사정을 설명했다. 곰곰이 설명을 듣던 아줌마가 "그러면 10달러를 돌려주세요." 하는 게 아닌가? 나는 순간적으로 '이건 또 무슨 뜻인가?' 싶었는데, 아줌마가 지갑에서 50달러짜리를 꺼내 내미는 것이 아닌가?

내 사정을 들은 아줌마는 팁으로 택시 요금 7달러의 6배인 43달러를 주겠다는 것이었다. 진의를 뒤늦게 파악하고 나서 나는 당황해서 "아, 아니, 그럴 필요 없습니다. 당신 잘못이 아닙니다." 하고 얘기했더니 "아녜요. 당신 얼굴을 보니 내 마음이 편치 못해요"라고 해서 이번에는 아까와는 전혀 다른 이유로 또 한 번 기가 막혔다.

택시 운전을 하는 15년 동안 딱 한 번 있었던 일이지만 그 후 손님 때문에 기분 나쁜 일이 있을 때마다 그 아줌마를 떠올리고 '그런 사람도 있었지.' 하며 기분을 돌리곤 한다. 그 아줌마가 무슨 유머를 구사한 것은 아니지만 그런 너그러운 마음을 지닌 사람이 많다면 한국 사람들도 유머를 생활화할 수 있지 않을까 싶어진 경험이었다.

04
'융통성'보다 중요한 '안전'

주먹보다 법이 센 사회

 수업이 끝났는데 가방도 없이 어디론가 가는 여학생 세 명을 학교 앞에서 태웠다. 그 또래 아이들은 택시를 타면 떠들기 마련인데 이들은 제법 긴장된 모습이었다. 무슨 일이 있나 싶어서 이야기에 귀를 기울였더니 다른 학교에서 열리는 토론대회에 참석하러 가는 길이었다. 호주는 교육에서 토론을 매우 중요시한다. 학교 현관에 들어서면 각종 스포츠 경기 우승컵과 같이 각종 토론대회 우승컵이 전

시되어 있을 정도다.

학생들은 목적지를 향해 가면서 마치 법정에 선 변호사처럼 발표 연습을 계속했다. 호주에서는 학생들이 학교 일로 이동할 때는 반드시 왕복 택시비를 학교에서 지급한다. 일이 끝나면 일단 학교로 돌아왔다가 집으로 가도록 한다. 책임 한계가 분명하기 때문이다.

호주 AM 방송 프로그램은 대부분이 토크쇼여서 어른, 아이 할 것 없이 모든 문제에 관해 활발한 토론을 벌인다. 술집에 가서도 맥주 한 잔을 들고 서서 끝도 없이 이야기한다. 방송을 봐도 그렇다. 지나가는 아무에게나 마이크를 들이대도 주뼛주뼛하거나 슬슬 피하는 사람이 없다. 말이 되건 안 되건 간에 자기 의견을 분명하게 표현할 줄 안다. 토론이 생활화된 덕분에 정반대의 주장을 하더라도 열 내지 않고 냉정하게 자기 의견을 개진하는 편이다.

백인들은 어떻게 그렇게 말을 잘할까 하는 생각을 하다가 우습게도 입술이 얇아서 그런가 보다 하는 생각이 들었다. 실제로 백인들은 타 인종에 비해 입술이 얇은 편이다. 얇은 입술이 말을 잘하는 이유 중 하나인지는 모르겠으나 표정을 풍부하게 하는 요인인 건 분명해 보인다. 아무래도 하중을 덜 받으니까 얼굴 근육의 움직임이 더 자유로울 것 아닌가?

반면 입술이 두꺼운 인종은 흑인이다. 입술이 두꺼워서 얼굴에 미세한 표정이 잘 나타나지 않는다. 그러므로 흑인들의 표정을 파악하려 할 때는 눈을 잘 읽어야 한다. 나는 입술이 얇은 백인보다는 입술이 두꺼운 흑인들에게 더 믿음이 간다. 교육을 못 받은 막돼먹은 인간들을 빼놓고는 호주 백인들은 대개 상식적이지만 다른 한편으로 미친놈도 많기 때문이다.

택시 운전은 서비스업이다. 호주 정부의 정책은 철저히 승객 위주로 되어 있다. 택시 운전사 입장에서 보면 가혹하기 짝이 없다. 일단 손님으로부터 조금이라도 정당성이 있다고 생각되는 불만이 몇 번 제기되면 면허정지를 받게 된다. 못된 인간들에게 생트집을 잡혀서 경찰에 끌려다니기 십상이고 법정까지 가는 경우도 다반사다. 백인들은 신고는 습관화, 고소는 생활화가 되어 있다고 봐도 과언이 아니다. 기분 나쁘면 잘잘못을 따지는 건 나중이고 일단 신고부터 하고 본다.

택시 기사라면 손님을 오래 태워 요금을 많이 받을 수 있기를 바라지만 더러운 인간을 만나면 5분도 지옥같이 느껴질 수 있다. 왜냐하면 그런 손님과는 신호등 하나, 차선 하나 가지고도 시비가 붙을 수 있기 때문이다.

가끔 손님들과 싸울 일이 생기는데(99%가 백인) 내가 잘못해서 다투는 경우는 거의 없다. 대개 교양 없는 백인들에 의해서 시비가 붙는다. 하지만 싸울 때 영어도 못하면서 먼저 성질을 내는 것은 언제나 내 쪽이다.

나는 화가 나서 씨근덕거리고 있는데 나한테 온갖 욕을 다 얻어먹고도 돈 몇 센트 깎았다고 생글생글하며 "Have a nice day!" 하고 내리는 인간들을 보면서 울화가 치미는 경우가 한두 번이 아니다.

한국 사람들은 언쟁을 하다 보면 대뜸 언성이 높아지게 되어 있다. 그러나 얼핏 폭력적으로 보이는 백인들도 언성을 높이는 일이 별로 없다. 대화 중에 한편에서 핏대를 올리고 감정적으로 나오면 그 사람과는 아예 상대를 안 한다. 감정보다 논리를 중요하게 생각하고 살아온 습관 때문일 것이다. 정나미 떨어질 정도로 냉정하고 이성적일 수 있다는 건 정말 부러운 일이다. 하지만 어떤 때는 상대방에게 손해를 끼치는 말을 하면서도 조금도 미안한 감정 없이 친절하게 설명을 잘해주는 백인들을 보면 무서울 때가 있다. 마치 나를 묶어 놓은 채 칼을 들고 "이제부터 네 몸의 살을 한 근만 베겠어? 괜찮겠지?" 하는 것 같아 보인다.

택시 타는 곳에서 기다리는 승객들을 보면 택시 기사는 누가 먼저인지 알 수 없는 경우가 있다. 왜냐하면 한국처럼 '앞으로나란히' 식으로 줄을 서지 않기 때문이다. 택시 타는 곳 주변에 대충 서 있다가 자기 차례가 왔다 싶으면 앞으로 나선다. 이때 재미있는 현상은 당사자가 '혹시 나보다 먼저인 사람 없느냐?'는 듯 주변을 둘러보고 동의를 구한다는 점이다. 아무도 이의가 없으면 자신 있게 택시를 탄다. 아무렇게나 서 있어도 누가 먼저 왔고 내 순서가 누구 다음이라는 것을 암묵적으로 인정하는 것이다. 혹시 차례 때문에 분쟁이 생기더라도 제삼자가 나서서 "이쪽이 옳은 것 같다"고 하면 그것으로 상황이 끝난다.

이런 현상은 다른 길거리 분쟁에서도 마찬가지다. 한번은 주차 문제로 시비를 따지게 되었는데 지나가던 사람이 "이쪽이 옳다고 생각한다"고 한마디 하자 상대방이 두말하지 않고 꼬리를 내렸다. 한국에서처럼 "네가 뭔데 나서고 난리냐?"며 시비 거는 짓은 통하지 않는다. 그렇다면 당장 경찰을 부른다. 객관적인 판단을 중요하게 보는 문화여서 그런지 이런 모습이 일반적이다.

3명의 중국인이 서류를 한 아름씩 가지고 탄 적이 있다. 중국인치고는 좀 질서가 잡힌 사람들이었다. 중국어를 썼다가 영어를 썼다가 했는데 악센트가 중국식이라 곧 정체를 알아낼 수 있었다. 호주에서 자란 사람들은 아니고 장성해서 이민 온 다음 공부해 변호사가 된 이들이었다. 호주에는 법정에 나갈 수 있는 법정 변호사와 서류로만 일하는 변호사가 있는데 이 손님들은 후자였다.

먼 거리를 가면서 하는 이야기를 들어보니 상해사건을 전문으로 취급하는 변호사들이었다. 듣다 보니 일단 남을 의심해야 하는 형사도 좋은 직업이 못되지만 상대방의 약점을 잡아서 일단 걸고넘어져야 하는 변호사도 좋은 직업이 못 된다는 생각이 들었다.

그렇다면 서구 사회에서 사회적으로 존중을 받는 정도가 가장 높은 직업이 무엇일까? 의사? 변호사? 교수? 그런 것이 아니다. 특히 교수는 한국에 비하면 정말 인기가 바닥이다. 그래서 우리 아들은 호주에서 10년간 교수를 하다가 재미없어서 못 해먹겠다고 한국의 대학으로 갔다. 왜 이렇게 교수가 인기가 없을까? 답은 간단하다. 책임질 일이 별로 없기 때문이다. 서구 사회에서는 책임을 질 일이 많아서 소송당할 가능성이 큰 직업이 인정을 많이 받는다.

그런 면에서 어떤 건축설계사가 말하길, 자기 직업이 가장 인정도가 높은 직업이란다. 왜? 지은 지 10년이 넘는 건물에서 영업하다가도 장사가 안되면 '누구 고소할 사람이 없을까?' 하고 궁리하다가 '당신이 설계를 잘못해서 장사가 잘 안된다'며 설계했던 사람을 고소할 수 있기 때문이다. 이 때문에 설계비용에는 아예 고소당할 때를 대비한 법률경비까지 포함되어 있단다. 건축설계사가 본인 입으로 들은 것이라 어느 정도까지 믿어야 할진 모르겠지만 일리는 있어 보였다. 확실히 호주는 주먹보다 말과 법적 책임이 가까운 사회다.

융통성 없는 인간들

호주에 온 지 얼마 되지 않은 어느 날 오후 늦게 시드니 주변에 있는 조그맣고 한적한 국립공원으로 바람을 쐬러 갔을 때의 일이다. 나는 공원이 무료입장인 줄 알았다. 그런데 도착해보니 매표소에 공원 관리인이 있었다. 평일 공원 나들이 때 보이지 않았던 터라 의아해진 나는 도대체 언제 나오고 언제 안 나오느냐고 물어보았더니 평일에는 날씨 좋으면 나오고 날씨 나쁘면 안 나온단다. 참 편리한 원칙이었다.

어쨌든 예상치 못하게 공원 입장료를 내야 하는 상황이 되었는데, 공교롭게도 일행 중 누구도 현금을 갖고 있질 않았다. 다행히 아직 도착하지 않은 일행의 차가 있었다. 관리인에게 사정을 설명했다. 우리가 먼저 들어갈 테니 뒤차의 일행에게 돈을 받으면 안 되겠냐고 하니까 안 된다고 한다. 혹시 내가 거짓말을 한다고 여겨 그렇게 반응할 수도 있겠다 싶었는데 그다음 말이 걸작이었다.

자기가 5시까지 근무하니까 15분 있다가 들어가려면 들어가라는 것이다. 우리는 그의 말대로 입구에 주차하고 기다렸다가 곧 도착한 차의 일행과 함께 5시 정각을 넘어 공원으로 들어갔다. 퇴근하는 관리인과 정답게 인사를 하면서….

어리둥절할 수밖에 없었다. 우리 제안대로 했으면 10달러의 수입을 올렸을 텐데, 대체 이건 어떤 심보란 말인가? 미국에 있을 때는 이와 정반대 경우의 일을 겪었다. 5시까지 주차요원이 근무하는 주차장에 4시 45분에 도착했기 때문에 주차요원이 퇴근하면 주차하려고 기다리고 있는 제 엄마더러 당시 초등학교에 다니던 조카가 15분 전에 도착했으니까 당연히 주차비를 내야 한다고 난리를 쳤다.

하나 더, 다시 호주에서의 일이다. 택시 콜이 와서 어느 복잡한 주택가로 손님을 태우러 가는 길이었다. 바닷가라서 길이 꼬불꼬불 굴곡이 많고 복잡했다. 그 집에 도착하려면 한참을 돌아가야 할 판인데 질러서 갈 수 있는 20미터 정도의 일방통행 골목길이 눈에 들어왔다. 한국이나 호주나 교통법규를 철저히 지켜가면서 택시 영업을 하기는 어려운 일인지라 잠깐 역주행을 하기로 하고 일방통행 지름길을 택했다.

실제로 한적한 주택가라서 앞에서 차가 올 일도 없고 차가 온다 한들 뻔히 보이기 때문에 잠시 기다렸다 가면 되는 것이다. 무사히 짧은 일방통행 길을 통과해 50미터 정도 가서 골목을 꺾어 나오는데 아뿔싸, 한적한 바닷가 주택가에 웬 놈의 경찰차가 어떤 차의 딱지를 떼고 있는 중이 아닌가. 모른 체하고 두근거리는 마음으로 그 옆을 지나가는데 경찰관이 내 차를 세웠다.

"지금 저 앞 일방통행 길을 지나오지 않았소?"

보이지 않는 곳이니까 시치미를 떼면 그만이지만 한국사람 체면에 뻔한 사실을 거짓말한다는 것이 쪽팔리는 일이기에 그렇다고 순순히 시인했다. 경찰은 눈을 부라리며 "오늘운 좋은 줄 아쇼. 내가 눈으로 못 보았으니까 딱지를 안 떼는 거요." 하는 게 아닌가? 고맙다고 하고 한참 가다 생각하니까 은근히 성질이 났다. 제 놈이 못 보았으면 그만이지 의심만으로 추정해서 겁을 주다니? 그러다 다시 한 번 생각해보니 의심이 들면 확인하는 것이 경찰의 의무가 아니겠나 싶었다. 한국 같으면 경찰이 어떻게 했을까? '이놈이 일방통행 길로 왔겠구나.' 하고 의심만 하고는 그냥 못 본 체하지 않았을까?

경찰관뿐만 아니라 호주 사람들과 상대를 하다 보면 앞뒤 좌우 위아래가 꽉 막혀 숨이 턱 막히는 느낌을 받을 때가 종종 있다. 그들의 생활에는 소위 융통성이란 항목이 전혀 없는 듯 보일 때가 있다.

10대 후반으로 보이는 여자애를 태웠는데 고급 호텔로 가잔다. 호텔 앞에 도착해서야 돈이 없다며 객실에 있는 제 부모에게 전화해서 돈을 가져오게 할 테니 기다리라고 한다. 가끔 돈이 없는 승객이 제집 앞에 내려서 집에 들어가서 돈을 가지고 나오는 경우는 있었어도 호텔에서 돈 가져오기를 기다리는 건 처음 겪는 일이었다. 예상치 못한 상황이 벌어져 어찌해야 할지 모르는 사이에 호텔 현관 앞을 가로막아 다른 차의 통행에 지장을 주는 상황이 되어버렸다. 그렇다고 돈을 안 받을 수도 없어 난처하게 기다리고 있는데 호텔 직원이 와서 무슨 일이냐고 물었다. 사정을 설명했더니 직원이 로비에서 전화하고 있는 여자애한테 갔다.

잠시 뒤 여자애가 나오더니 1달러 50센트가 모자라니 아버지가 돈 가지고 내려오기를 기다리라 했다며 15달러를 꺼냈다. 젠장! 1달러 50센트 받자고 수십 층이 넘는 대형 호텔 객실에서 아이의 아빠가 엘리베이터를 타고 내려올 때까지 막연히 기다리고 있을 수는 없는 일 아닌가? 처음부터 돈이 조금 모자란다고 했으면 될 일이었다. 시간 낭비하지 않고 호텔에 진입하는 다른 차에 불편을 끼치기 싫으니 15달러만 받고 가버렸을 테니까.

호주 아이들은 이 정도로 융통성이 없다. 그래서 교민들이 호주에서 자란 2세 자녀들 때문에 복장 터지는 일이 종종 발생한다. 어떤 문제가 생겼을 때 영어 실력이 달리니 자식들 덕 좀 보려고 하면 답답해서 차라리 한국말로 하는 편이 더 낫겠다 싶은 일이 벌어지는 것이다.

예를 들어 보통 외국에서 교육받은 아이들은 "되냐? 안 되냐?"를 물어서 안 된다면 "땡큐" 하고 끝내버리고 만다. 안 된다면 "왜 안 되느냐? 어떻게 하면 되겠냐?" 하고 물어볼 줄을 모른다. 2세 아이들은 상황을 타개해야 하는 부모한테도 남의 일처럼 "안 된대" 하고 전하고는 제 할 일 다했다고 생각하는 경우가 보통이다. '안 되면 되게 하라' 이런 철학을 들어본 적 없으니까 협상이고 뭐고 그냥 안 된다면 안 되는 줄 아는 거다.

오랫동안 박정희에게 조련되어 '하면 된다'는 생각이 각인된 이민 1세대와 '안 되면 안 한다'고 생각하는 2세들 간의 갈등은 교민사회에서 일상적이다. 일반적으로 외국에서 교육받은 한국 애들은 고등학교를 졸업해도 바보스러울 정도로 순진하고 단순하다. 이에 반해 한국 애들은 유치원 다닐 때부터 까져서 반들반들해 보인다.

호주에서는 어떤 일이든 매뉴얼에 따라서 한다. 모든 일을 틀 안에서 생각하고 처리하려고 하니 책임 한계가 분명해진다. 정작 어떤 일을 시작하려고 할 때 해야 할 일보다는 책임 한계를 정하는 데 더 많은 시간을 들인다. 공사 속도는 빠른데 하자가 많이 발생하는 한국인과 달리 백인들은 무슨 일을 해도 안전을 먼저 고려하니 생산성은 떨어져도 업무의 질이 높아지는 것이다.

한국에서 큰 건설 회사를 하다가 투자 이민을 온 친구가 집을 짓는데 "이놈의 나라는 내 집 마당에 나무도 내 마음대로 못 심는다"며 투덜대던 일이 있었다. 가정집 마당이라고 주인 마음대로 할 수 있는 게 아니라 심을 수 있는 나무가 있고 심어서는 안 되는 나무가 있다. 준공 검사를 받기 위해서는 구청이 정한 가이드라인을 지켜야 한다. 제집 마당에 나무를 심더라도 자연과 환경과 안전을 지켜야 하는 것이다.

지금 내가 사는 집은 시드니 기준으로 볼 때 그야말로 오두막 수준(방이 3개밖에 없는)이지만 조그만 수영장이 있다. 한국 기준에서 생각하면 '수영장 있는 집이라니!' 하는 생각이 들겠지만 집이 좋아 수영장이 있는 게 아니라 바다가 너무 멀어 갈 수가 없기 때문에 수영장이 있는 것이다. 시드니는 바다와의 거리가 집값을 결정한다. 바다를 앉아서 볼 수 있는 거리, 서서 볼 수 있는 거리, 까치발을 하여 볼 수 있는 거리, 점프하여 볼 수 있는 거리, 2층에서 볼 수 있는 거리에 따라 집값이 달라진다. 이 때문에 바다와 멀수록 수영장이 있는 집이 많다.

아무튼 우리 집 뒤편에 빌이라는 70대 노인 부부가 산다. 그 집과 우리 집 사이의 담장은 너무 오래되어 무너져버렸지만 잡나무와 줄기 식물들이 얽혀 자란 덕에 얼추 보이지 않게 되어 피차간에 사생활은 보호되는 편이었다. 처음 이사 와서 빌에게 담장을 새로 하자고 하니 자연스러운 게 좋다고 해서 그냥 두었다.

정작 나에게 애로 사항은 빌의 집에 있는 30미터 정도의 작은 잎이 달린 나무였다. 바람이 불면 나뭇잎이 우리 집 수영장으로 떨어지기 때문에 매일 건져내야 했다. 남의 집 나무를 함부로 자를 수도 없는 노릇이라 매일 그 나무를 저주스러운 눈빛으로 바라볼 뿐이었다.

그러던 어느 날 빌이 자기 집 쪽 정글을 정리하기 시작해 집 사이가 휑하니 뚫리게 되었다. 자연 담장이 없어진 것이다. 판자를 가져다가 대충 막아놓았더니 빌이 무슨 심경에 변화가 일어났는지 담을 세우자고 했다.

이유를 들어보니 자기 집 정원을 정리하면서 뚫린 구멍 때문에 혹시라도 누가 우리 집 수영장으로 들어가 빠질 우려가 있다는 것이었다. 우리 집 수영장을 걱정하는 얘기가 나온 김에 내가 댁의 나무 때문에 피해를 보고 있으니 가지를 좀 칠 수 없겠느냐고 했더니 그건 안 된단다.

결국 빌은 우리 집 수영장을 걱정하는 게 아니었다. 지금은 아이도 없고 개도 없이 자기네 부부만 살고 있어 상관없지만 혹시 양로원에 들어가거나 집을 팔 수도 있을 텐데, 그러면 언젠가 뚫린 담장 사이로 누군가 넘어가 우리 집 수영장에 빠질지 모를 일을 걱정하고 있는 것이었다. 70대 중반 노인이 안전에 대해 이 정도로 신경을 쓰고 있으니 사회의 단단한 밑바닥을 보는 느낌이었다.

내 인생에서 '안전'이라는 단어를 처음으로 인상 깊게 느낀 것은 고교 3학년 때였다. 당시 나는 성당에 다녔기 때문에 명동의 학생회관에서 미군 법무관 중령이 영어로 교리를 가르치는 클럽에 나가고 있었다. 그 클럽에서 야유회를 가기로 하여 중령이 미8군에서 버스를 빌려오기로 했다. 목적지인 강화도로 가는 다리가 그 당시에는 없었기에 배에 버스를 싣고 건너야 했다. 교통 사정을 알게 된 중령은 배에 버스를 싣고 건너는 건 안전하지 못하다며 장소를 바꾸어야 한다고 했다. 결국 야유회 장소가 갑자기 산정호수로 바뀌게 되었다.

그때 우리는 모두 강화도를 가보고 싶었기에 이제까지 사고가 안 나고 잘만 다니는데 '안전'을 이유로 갈 수 없다니 속으로는 불만이 이만저만이 아니었다. 지금 생각하면 책임을 져야 하는 중령으로서는 당연한 결정이었겠지만 당시의 우리로서는 도무지 이해할 수 없는 처사였다.

호주에서는 무슨 일을 하든지 안전이 최우선이다. 안전하지 않으면 시작도 하지 않는다. 안전하지 않다면 아마 천국도 사양할 것이다. 융통성이 없는 호주 사람들을 보면 답답할 때가 많다. 하지만 안전 문제만큼은 융통성을 발휘하지 않는 이 사람들을 본받아야 한다고 믿는다. 더욱이 세월호 참사를 겪고 나서는….

05
몸을 팔고
몸을 사는
사람들

윤락업소를 찾는 사람들

　　　　　　호주 윤락업소의 서비스 가격은 보통 시간당 250달러 정도인 듯하다. 그런데 이 가격도 시내에서 얼마나 떨어져 있느냐에 따라서 달라진다. 즉 변두리로 갈수록 값이 싸지는 대단히 합리적인 가격체계를 유지하고 있기 때문에 바가지를 쓸까 봐 걱정할 염려는 별로 없다.
　이곳에서는 업소를 식별하는 방법이 따로 있다. 대부분의 집은 집의 넘버를 조그맣게 붙여놓는 데 비해서 업소는 네온

사인으로 아주 크게 만들어 붙여놓는다. 처음에는 윤락업소의 우편물은 밤에 배달되기라도 하나 싶을 정도였다. 이렇게 불을 켜놔도 장사가 잘 안되는 곳은 택시 기사와 협의를 해두기도 한다. 손님을 데려다주면 1인당 20달러씩 주겠다고 말이다.

서구 사회는 혼자 사는 사람이 많다 보니 자연히 섹스 산업도 발달해 있다. 혼자 사는 남자는 여자를 사서 성욕을 해결하고 혼자 사는 여자는 이런 남자들을 집으로 불러들여 돈을 벌고 있으니 참 편리한(?) 사회다. 호주는 여자 혼자 신문에 광고를 내서 몸을 파는 행위를 하는 데는 아무런 제한이 없다. 단 두 사람 이상일 경우는 사업 신고를 해야 한다. 세금을 내야 하기 때문이다.

호주의 윤락업소를 찾는 손님도 인종에 따라 태우는 느낌이 다르다. 백인들이야 아무 데나 데려다주면 되지만 가끔 동포들을 태울 때는 사정이 좀 다른 것이다. 한국 청년 두 명을 태운 적이 있다. 종이에 적은 주소를 주면서 이곳으로 가자고 하는데 몇 번 손님을 태워준 적이 있는 곳이어서 바로 알아볼 수 있었다. 그곳은 한국인을 대상으로 외화벌이를 위해 진출(?)한 업소였다. 내가 한국 사람인 것을 눈치챈 청년들은 "죄송합니다. 객지에 나오고 보니 쓸쓸해서…." 하며 몹시 겸연쩍

어했다. 제 돈 내고 택시에 타고서는 운전사가 나이 좀 먹었다고 공손히 대하는 태도를 보니 좋은 집안에서 가정교육(?)을 잘 받았구나 하는 생각이 들었다. 그래서 나도 "외국에 나와서까지 이렇게 온몸으로 동포를 사랑하려는 것을 보니 자네들이야말로 진짜 애국자들이네." 하고 격려(?)를 해주었다.

이처럼 업소를 찾는 손님 중에는 당연히 한국인도 있다. 술에 취한 상태의 손님을 태우면 문제가 생길 가능성이 있기 때문에 가급적 안 태우는 편이지만 척 봐도 한국인 같아 보이면 태우게 된다. 내가 안 태우고 다른 인종이 운전하는 택시를 타면 국격이 실추되는, 중대한 외교적 사태(?)가 발생할 것을 우려하기 때문이다.

호주 사람들은 한국인들처럼 술 먹고 주정을 부리거나 길에서 비틀거리거나 엎어져 있는 일이 거의 없다. 한번은 껄렁하게 생긴 젊은 호주 사람을 태우고 한인촌을 지나고 있었다. 그는 술에 취한 한국인이 길바닥에 주저앉은 모습을 보고서 "당신네 한국인들은 술을 저렇게 먹고 어떻게 살죠?" 하고 물었다. 월드컵으로 힘겹게 쌓아 올린(?) 국격이 실추되는 창피한 장면이었다. 호주에서는 술집에서 취한 사람에게는 술을 팔지 못하게 법으로 규정하고 있고, 택시도 술 취한 사람의 경우

승차거부를 할 수 있게 되어 있다. 사정이 이렇다 보니 한국처럼 술 먹고 게걸거리면 즉각 경찰이 수갑을 채워 데리고 가서 4시간을 감금할 수 있게 되어 있다. 그러고도 술이 안 깨면 4시간을 다시 연장하게 된다.

한번은 점잖은 신사를 태웠는데 한국인이라니까 매우 반가워했다. 무슨 일로 이렇게 반가워하나 싶었는데, 그가 일하는 조니워커 아시아 총판의 제일 큰 시장이 바로 한국이란다. 전체 양으로는 중국이 크지만 1인당 소비량으로는 자랑스럽게도 한국이 타의 추종을 불허하는 영원한 금메달감이라 했다.

어느 날 밤늦은 시간에 한국 사람 같아 보이는 동양인 넷이 길에서 택시를 잡고 있었다. 분위기를 보니 현지 주민 한 명이 한국에서 온 거래처 손님 3명을 접대한다고 이벤트를 벌인 모양이었다. 호주 상식에 맞지 않게 한국식으로 술에 취한 불량한 상태에서 그날 밤의 대미를 침대에서 주짓수 한판 하는 것으로 장식하려는 모양이었다.

내가 "한국 사람들 있는 데로 갈까요?" 했더니 "아니! 백마, 백마 타러 가요!" 하면서 특별한 부탁이 있다고 했다. 자기들이 비즈니스를 끝내고 올 때까지 밖에서 기다렸다가 호텔까지 데려다 달라는 것이었다. 이런 일은 보통의 경우 시간이 곧 돈인 택시 운전사로서는 '할렐루야'를 외칠 상황이다. 덕분에 본의 아니게 이들의 여정에 동참하게 되었다.

동포들은 보무도 당당하게…가 아니라 비틀거리는 걸음으로 첫 번째 백인들이 운영하는 집에 들어갔는데 어째서인지 금방 나왔다. 왜 빨리 나왔느냐고 물었더니 여자들 수가 모자란단다. 다음 집으로 가니 이번에는 좀 오래 걸릴 것 같았다. 사실 나도 윤락업소가 어떻게 생겼는지 궁금했던 터라 이번 기회에 현지 시찰을 해보기로 하고 따라 들어갔다. 벨을 누르자 정장 차림을 한 전형적인 여사무원이 나오더니 회사에 면접을 보러온 사람처럼 대기실에 앉아 얌전히 기다리란다. 내부는 아주 조용하고 우아한 사무실같이 생겨서 영화에 나오는 화려하고 퇴폐적인 분위기가 전혀 아니었다. 내가 내부 시설을 둘러보러 이곳저곳을 기웃거렸더니 여직원이 대기실에 가만히 앉아 있으라고 했다. 한참을 있으니 백인 여자 하나가 들어오더니 "나하고 놀 사람?" 하고 물어본다.

'아하! 이렇게 하는 거구나.' 궁금증이 해결되었으니 더 있을 이유가 없어 택시로 돌아와 손님들을 기다렸다. 그런데 조금 지나 이 사람들이 또 그냥 나오는 것이었다. 왜 금방 나왔느냐니까 여기도 역시 여자가 충분히 없단다. 손님을 받아놓고는 여자가 없다고 하다니?

　이유는 다른 데 있었다. 이들이 너무 취해 있었던 것이다. 성(?)스러운 행사를 하러 온 인간들이 술에 취해 있으니 점잖게 거절을 당할 수밖에. 공연히 시간만 낭비한 셈이었다. 네 사람은 그제야 할 수 없이 한국인들이 있는 업소로 가자고 했다.

　한국인들이 하는 업소는 뭐가 다른 것일까? 궁금증이 동해서 나도 따라 들어갔다. 실내장식부터가 옛날 청량리 588—가봐서가 아니라 그 근처에 살아봐서 잘 안다—비슷한 싸구려 냄새가 났다. 영어가 서툰 동남아인 문지기가 단체 손님이 들이닥치자 (나까지 5명인 줄 알고) 갑자기 바빠졌다. 일행이 술에 취한 것을 보고는 "아가씨들이 술 취한 사람들 싫어한다. 그러니 서비스가 나빠도 괜찮겠냐?"고 선수를 친다.

　이미 두 번이나 거절당한 판이라 이쪽은 찬밥 더운밥 가릴 처지가 아니었던지 괜찮다고 하니까 그제야 여자들을 들여보냈다. 비슷한 체격에 똑같은 화장을 하고 똑같이 속이 비치는 나이트가운만 걸친 5명의 여자가 허리에 번호판을 달고 들어와서 앞에 섰다. 손님이 번호를 불러서 찍는 것이다. 여자를 하나씩 찍고 난 일행은 나를 배려해서 "아저씨도 고르세요!"

했다.

웃으면서 "나는 됐어요"라고 거절했다. 같은 몸을 팔아도 사람값이 이렇게 다르다는 것을 생각하니 슬퍼졌다. 외국에서 동포들끼리 온몸으로 진한 사랑을 나눈 네 사람을 기다렸다가 호텔까지 모셔드려야 마땅했으나 그만 기분이 너무 우울해져서 일 끝나고 다른 차를 타고 가시라 말하고 그냥 돌아와 버리고 말았다.

같은 단군 할아버지 자손이라도 한국 사람과 북조선 사람과 조선족의 몸값이 각기 다르고 같은 비행기를 타고 가다가 추락을 해도 여권에 따라서 배상금이 다르게 나오는 것이 현실이지만 그날 밤 내가 겪은 백인들과 한국인들의 윤락업소의 차이는 가슴을 아리게 만들었다.

문득 호주에서 만난 한 이탈리아인의 여성관이 생각난다. 택시가 고장이 나서 견인을 하게 되어 견인차를 불렀다. 견인차 운전사가 한눈에 봐도 지독한 호색한처럼 생겨 같이 가고 싶지 않았지만 차를 견인할 때 운전자가 차고까지 동승하게 되어 있는 규정 때문에 할 수 없이 조수석에 올랐다. 호감이 가는 인상은 아니라 해도 싸운 사람들처럼 갈 수는 없는 노릇이라 이런저런 이야기를 부쳤더니 이야기하는 꼴이 가관이었다.

 행색이 백인 여자들 근처에도 못 갈 형편이어서 사정이 여의치 않은 이민자나 아시아 여자들을 대상으로 껄떡거리면서 살아왔을 꼴이었다. 내가 한국 사람이라니 당장 나한테 한국 여자를 소개해달란다. 초면에 개인의 사생활에 대해서는 절대로 언급하지 않는 것이 상식이지만 노는 것이 하도 꼴 같지 않아서 나도 좀 거칠게 나갔다.

 "나이를 꽤 처먹은 것 같은데 결혼은 안 할 거냐?" 이렇게 물었더니 자기는 돈을 벌어서 가능한 한 많은 여자와 섹스를 하는 것이 목적이기 때문에 결혼 같은 것은 절대 하지 않을 거란다. 그래서 내가 "언젠가 늙어서 힘이 없어 더 이상 여자와 즐길 수 없게 되면 어떻게 할 거냐?"고 물었더니 "더 이상 섹스를 못 하게 되면 콱 죽어버릴 거다"라고 했다. 와! 정말 대단하신(!) 분이었다.

 그 이탈리아인의 개인 성격상 국적을 가리지 않고 여자를 소개해 달라고 한 것이라면 다행이겠으나 한국 여자를 쉽게 보고 소개해달라고 한 것일지도 모른다는 생각이 들자 기분이 나빠졌다.

거친 호주 여자들

택시를 운전하다 보면 업소를 찾는 남자들만 태우는 게 아니다. 가끔 토털 서비스업에 종사하는 여자들을 태우는 경우도 있다. 이런 여자들은 대개 기분이 별로인 상태이지만 그렇지 않은 경우도 있다. 한번은 20대 초반의 여자가 타서 먼 거리를 가자고 한 덕분에 허심탄회하게 많은 이야기를 할 수 있었다. 정확하게 표현하자면 그 여자는 몸을 파는 것이 아니라 옷은 벗지만 손만 파는 마사지걸이었다. 탄 곳, 내린 곳, 차 안에서의 품행 등등을 볼 때 학창 시절 공부도 안 했고 신에게 받은 선물도 변변찮은 처지에 손쉽게 돈을 버는 길을 택하다 보니 어린 나이에 섹스 업계로 진출한 모양이었다.

그동안의 경험으로 볼 때 호주에서도 몸을 파는 여자들은 대개 쌍스럽고 거칠거나 어디가 조금 부족하거나 아니면 넘치거나 벽지 시골 출신들이었다. 시골 여자가 아니라도, 또 어딘가 부족하거나 쌍스럽지 않더라도, 호주 여자들은 대체로 동양 여자들보다는 거칠다.

시드니는 날씨가 덥고 바닷가가 많기 때문에 젊은 여자들이 거의 나체로 돌아다니는 경우도 많다. 백인 여자들은 몸을 많이 드러내놓고 사는 편이지만 여름이 되면 노출이 한층 더 심해진다. 어떤 여자들은 젖가슴을 절반쯤 내놓고 다니고 좀 헤픈 여자들은 거의 다 드러내고 다니며 도시 미관을 장식한다. 그러다 보니 불미스러운 사건이 발생할 가능성도 커서 이를 예방하기 위해 성추행으로 간주하는 행위의 범위가 무척 넓다.

한국에는 초등학교 남자아이들이 여자애들의 치마를 들치고 도망가는 소위 '아이스케키'라는 장난이 있었다. 그런데 이런 장난은 호주에서는 상상도 못 할 노릇이다. 초등학교 여자애들은 교복 치마 속에 아예 반바지를 입게 되어 있다. 남자들도 여자를 잘못 건드리면 '피 본다'는 교육을 어려서부터 받는다. 백인 사회에서는 성추행에 대한 법률이 엄격해서 여자를 잘못 건드리면 큰일 난다는 교육을 철저히 받는다.

파티에서 흥분제를 복용하고 술 먹고 신나게 춤을 추고 키스하고, 뽀뽀하고, 입 맞추고 할 짓 다 하다가도 여자가 제정신이 들어 갑자기 "stop" 하고 레드카드를 뽑으면 남자는 그 즉시 '동작 그만' 해야 한다. 어디까지가 자의이고 어디서부터가 타의인지 구분이 아리송하지만 일단 여자가 성추행으로 고소하면 남자는 꼼짝없이 당하는 수밖에 없기 때문이다. 그런데도 신문에 오르내리는 범죄에는 강간 사건이 빠지는 날이 없다. 비유하자면 나같이 노련한 택시 운전사는 갑작스러운 상황에서도 브레이크를 밟을 수 있지만 20대 초보 운전자는 급정거하기가 어려운 것과 같은 것이다.

처음에 호주에 왔을 때 길에서 보무당당하게 마치 군인이 행진하는 것처럼 걷는 여자들을 보고 신기하게 생각했다. 나중에야 호주의 젊은 여성들이 대개 씩씩하고 용감하다는 사실을 알고는 젊은 여자가 타면 신경을 바짝 쓰게 되었다. 왜냐하면 좀 생겼다 싶으면 찬바람이 쌩하게 도는 경향이 많기 때문이다. 택시에 탄 젊은 여자 승객들끼리 나누는 대화를 들어도 한국 여성들 사이의 아기자기한 분위기라든가 정겨움 같은 것이 별로 없고 대부분이 억세다는 느낌을 받는다. 자기주장이 강한 개인주의 사회이기 때문에 여자라고 접고 들어가는 일은 있을 수가 없다. 여성의 권리가 강화되고 경제력이 늘어나고 이혼해서 혼자 아이를 키우더라도 복지제도가 잘되어 있는 까닭에 시원찮은 남편 데리고 사느니 혼자 사는 편이 나을 수도 있는 것이다. 그렇지만 여전히 '매 맞는 아내'가 있는 것도 현실이다.

한번은 눈썹과 코에 피어싱을 하고 문신을 한 4명의 여성이 타서 말끝마다 'fucking'을 남발하는데 진짜로 공포 분위기를 연출했다. 가슴은 쳐다볼 생각도 못 하고 슬그머니 손을 봤다. 나보다 덩치가 크거나 한 여성은 아니었는데 손은 나보다도 훨씬 크고 거칠었다. 잘못했다가는 뼈도 못 추릴 것 같았다. 헤비메탈 그룹 같기도 하고 막노동꾼 같기도 해서 대단히 남성적이었다. 가장 무서운 여성은 레즈비언 스타일의 그룹이다. 진짜 레즈비언이라기보다는 자신이 성적으로 남자들에게 별 볼 일 없다고 스스로 판단해버린 듯한 여성들이다. 이들의 자세는 가히 도전적이다.

한국에서는 교육비가 무서워 아이를 낳지 않으려고 한다지만 호주에서는 여자가 무서워 아예 결혼을 안 하려고 하는 남자들이 많다. 실제로 택시에 탄 남자 손님들과 이야기하다 보면 결혼을 포기한 이들이 정말 많다는 것을 피부로 느낄 수 있다. 한국에서는 병역 기피자가 사회적으로 문제가 되지만 호주에서는 결혼 기피자가 늘어나 사회적 고민거리가 되고 있다. 인구, 특히 백인 인구가 늘지 않으니 어찌 걱정이 안 되겠나?

백인 여자들과 일부 한국 여성의 나긋나긋, 고분고분, 다소

곳한 모습(페미니스트들이 들으면 부지깽이 들고 쫓아올지 모르는 표현이지만) 사이에는 한국과 호주의 지리상 거리만큼이나 차이가 있다. 백인이라고 해서 원단이 부드러운 여성이 어찌 없겠나? 다만 이곳에서는 적어도 사회적, 교육적, 가정적으로 '여자가 어떠어떠해야 한다'고 학습되는 일은 없다. (한국에서 사회적, 교육적, 가정적으로 '정의'와 '용기'라는 덕목이 학습되는 일이 거의 없듯이 말이다. '정의'나 '용기'는 현실이 그렇지 못한 사회에서는 위험한 개념이기 때문에 전수되지 않는 것이다. 혹시 학교 다닐 때 그런 이야기를 들어본 적이 있는가? '정의'나 '용기' 등의 가치를 주장하거나 가르치는 선생을 봤다면 혹시 '종북스럽다'는 말을 듣는 사람은 아니었는지 생각해보자.)

그런데 동양 여성들은 영어를 모국어처럼 사용하더라도 동양(?)스럽다. 물론 얼마나 호주 물을 먹었느냐에 따라서 개인차가 발생한다. 이곳에서는 어렸을 적부터 남녀 구별이 전혀 없이 자라기 때문이다. 학교에서는 여자아이들한테도 럭비를 가르친다. 또한 아프가니스탄과 이라크에 군대를 파견할 때 최전선에 여군을 배치하는 문제를 놓고 토론이 벌어지기도 했다. 이에 대해 페미니스트들은 당연히 배치해야 한다고 주장했다.

사정이 이렇다 보니 백인 남자들 가운데 동양 여자를 선호하는 경향이 생기고 있다. 한국 농촌에선 결혼할 처녀가 없어 동남아에서 수입해온다는데 호주는 여자가 없어서가 아니라 무서워서 동양 여자를 선호하니 아이러니가 아닐 수 없다.

호주 남자들과 결혼한 한국 여자들이 상당히 많은데 대부분 성공적인 편이다. 일반적으로 호주 남자들은 한국 남자들에 비해서 여자들 말을 잘 들어주는 편이다. 물론 말만 잘 들어준다고 결혼 생활이 모든 면에서 성공적이라 할 순 없을 것이다. 당사자들 나름대로 어려움이 있겠지만 적어도 백인들 사이에서는 원만한 결혼 생활에 대한 경험담이 퍼지면서 동양 여자를 편하게 생각하는 인식이 더욱 확대되는 게 아닌가 싶다.

당연히 정반대의 경우도 있다. 호주에서 나고 자란 젊은 여자가 한국 남자와 결혼한 경우 말이다. 한번은 공항에서 호주 토박이 영감님을 태웠는데 내가 한국 사람이란 것을 알고는 마음속에 쌓인 이야기보따리를 풀어놓기 시작했다. 딸이 직장에서 한국 남자를 만나 결혼했는데 사위가 컴퓨터를 너무 많이 하고 대화를 하지 않아 이혼을 했단다. 자기는 사위가 좋았다면서 '바보 같다'며 자기 딸을 마구 욕했다. 영감님은 그런 사위를 어디서 다시 얻을 수 있겠느냐며 진심으로 안타까

워했다.

공교롭게도 사위였던 한국인은 내가 잘 아는 분의 아들이었다. 호주 한인 사회가 이처럼 협소하다. 내가 농담 삼아 "다시 한 번 잘될 수 있도록 이야기를 해볼까요?" 했더니 "벌써 한국 여자 만나서 재혼했어." 하는 게 아닌가? 그러면서 영감님은 혼잣말로 "우리 딸은 아직도 혼자 사는데…." 하고 중얼거렸다.

06
끔찍한 사건과 신뢰가 공존하는 사회

양아치가 많은 나라

처음 호주에 왔을 때, 한국에서는 도저히 일어날 수가 없는 사건들이 뉴스에 보도되는 것을 보고 몹시 놀랐다. 달리는 대형 트레일러에 실린 물건을 훔치겠다고 고속도로를 가로지르는 육교 위에서 사람 머리통만 한 돌덩이를 운전석 유리창에 집어 던진 사건이 단적인 예다. 한 명이 아니라 세 명이 공범이었다. 운전사는 즉사하고 차가 뒤집혀 고속도로가 아수라장이 되어버렸다. 뉴스를 보고 나는 처음에 '그럴 리가 있나? 뭔가 잘못됐겠지.' 하고 생각했다. 그런데 범인들은 범행 직후 근처 술집으로 가서 태연히 술을 마시다 잡혔다. 과연 제정신인 인간들일까?

그 후에도 비슷한 일이 예사로 일어났다. 아무리 범죄라도 도저히 상식으로 이해할 수 없는 사건들 말이다. 아이의 젖은 옷을 말린다고 드럼 세탁기에다 아이를 넣고 돌린 인간이 있는가 하면, 아이를 낳아서 차례로 욕조에서 질식시켜 죽인 엄마도 있었다. 부모에게 꾸중 들었다고 집을 나간 뒤 5년간 애인 집 다락방에 숨어지내는 바람에 온 나라 경찰이 전국을 수색하다가 포기하고 죽은 것으로 판단해 장례식까지 치르게 한 여성도 있었다. 쇼핑센터 화장실에서 8살 먹은 여자아이가 강간당한 후 시체로 발견된 사건도 발생했다. 하여간 상상을 불허하는 일이 너무 흔하게 일어났다.

백인 중에는 인간은 고사하고 동물 같기만 해도 고마울 존재가 너무 많다. 이들이 내가 운전하는 택시를 탄다고 가정해 보자. 아니, 가정이 아니라 실제로 그런 일이 벌어진다. 희한한 사건이 수없이 많았지만, 그중에서 순수 활극 한 편을 소개하겠다.

내 나이 50대 초반, 택시 운전을 시작한 지 얼마 안 된 어느 크리스마스이브였다. 20대 젊은이 하나가 자정이 넘은 시간에 시내에서 동떨어진 곳으로 가자고 했다. 그런데 아무래도 수상쩍어 도중에 이런저런 말로 유도신문을 했다. 어쩐지 이야기의 앞뒤가 들어맞지 않았다. 기분이 이상하다 했는데 차를 세우라고 하더니 갑자기 어둠 속으로 튀어버리는 게 아닌가? 젊은 놈을 잡을 수는 없겠지만 그래도 겁을 주기 위해 얼마를 쫓아갔는데 하나님이 보우하사 그놈이 제풀에 고꾸라지고 말았다. 나 역시 허둥지둥 쫓아가느라 구두가 벗겨졌지만 맨발로 달려 30년 전 월남전 때 익힌 실력으로(?) 그놈의 목을 사정없이 밟아버렸다. 놈에게 요금을 뜯기면 1시간을 낭비한 것, 기름값, 속상한 마음 등을 합쳐 그날 나의 12시간 노동이 의미 없게 되고 말 일이기 때문이었다.

상대를 제압할 때는 확실히 해줘야 한다. 놈이 숨을 못 쉬는 틈에 주머니를 뒤져 휴대폰을 빼앗아서 차로 돌아왔다. 얼마 후 놈이 비실비실 목을 만지며 뒤따라오면서 은행이 있는 곳으로 가잔다. 정작 문제는 그다음부터였다. 놈의 계좌에 잔액이 얼마나 있는지 모를 일이고, 설령 있다 하더라도 놈을 은행까지 무사히 데려가 현금인출기에서 돈을 빼내도록 해야 하는데, 이게 고난도의 문제인 것이다. 내 손에 권총이 있는 것도 아니고 상대방이 수갑을 찬 것도 아닌 상태에서 은행까지 가는 사이에 무슨 짓을 벌일지 모를 일이기 때문이다.

전혀 모르는 길을 그놈의 안내를 따라야 하는 것이어서 운전하는 내내 짧은 영어로 공포 분위기를 최대한 조성해야 했다. 방법이 무엇이겠나? 아들보다 더 젊은 백인 녀석이 나를 무섭게 느끼도록 하는 것밖에 더 있겠나? 내가 저 때문에 화가 나서 무슨 짓을 할지 모른다는 것처럼 보여야 했다. 차를 몰다 건물을 들이받아 제가 다치지나 않을까 걱정(?)할 정도의 살벌한 분위기를 연출해야 하는 순간이었다. 있는 힘을 다해 고래고래 소리를 지르고 숨을 거칠게 몰아쉬고 일부러 차를 험하게 몰면서 온갖 이상한 짓을 다 했다. 그놈이 생각할 때 '이놈, 완전히 미친놈이구나. 나 참 오늘 재수 더럽게 없는 날이구나.' 하고 생각하게끔 해야 하는 것이다. 내 의도가 통했는지 그놈이 오히려 '제발 좀 진정해요. 은행에 가서 돈 찾아줄게요'라고 했다.

생쇼를 하면서 간신히 은행에 도착했다. 놈이 현금 인출기에서 돈을 꺼내왔다. 내가 "3달러 모자라잖아!" 하고 소리를 지르자 놈이 다시 현금인출기로 가는 통에 휴대폰을 밖으로 던져버리고 차를 출발해버렸다. 차가 없는 곳이기 때문에 그대로 있으면 또다시 놈을 집까지 태워줘야 할 수도 있기 때문이다. 그때 만일 태워달라 했는데 안 태워주면 승차거부로 신고를 당할 수도 있다.

남을 괴롭히며 즐거움을 느끼는 이가 있다면 세상에 그보다 못된 인간은 없을 것이다. 백인들이 만든 영화를 보면 여럿의 악당이나 갱들이 한 사람을 놓고 린치를 가하는 모습을 볼 수가 있다. 그런데 실제로도 이런 사건이 종종 발생한다. 몇 년 전 호주에서 동급생이 동성애자라는 이유로 농장 울타리에 매달아 놓고 여러 명이 장난(?)으로 때려죽인 일이 있었다. 극단적인 사례이기는 하지만 나는 백인들의 일상생활에서 단순히 장난으로 얼마든지 그럴 가능성이 있는 인간들임을 매일같이 느끼며 산다.

운전하다 보면 차에 장착된 컴퓨터 모니터에 '어느 거리에서 지나가는 차에 돌을 던지니 조심하라'는 메시지가 거의 매일 뜬다. 자칫하면 치명적인 사고가 날 수 있는 사건임에도 경찰이 신경을 쓰지 않고 있다가 경찰차가 습격을 받자 겨우 언론에 보도되었다.

지나가는 차, 특히 택시에 휴지나 콩 따위 던지기, 침 뱉기, 달걀이나 물풍선 던지기, 인도에서 갑자기 튀어나와 기겁하게 하기, 신호 대기 중일 때 옆에서 갑자기 괴성을 질러서 놀라게 하기 등을 낄낄거리며 장난으로 한다. 졸지에 당하는 사람 입장에서는 단지 기분 나쁜 게 문제가 아니라 사고로 이어질 가능성이 있는 위험천만한 일이다. 그런데 장난을 치는 놈들은 당한 사람이 깜짝 놀랄수록 재미있어한다. 모든 백인이 다 그런 건 아니다. 소위 '못 배운'uneducated 젊은 놈들이 그런 일을 저지른다.

백인 사회에서 교육을 받고 못 받고의 차이는 인종의 차이보다도 크다. 호주의 서쪽(아프리카를 마주 보고 있는 쪽)인 서부 호주에서는 고등학교 1학년만 마치고서 전문대 과정으로 가서 1년 정도 직업교육을 거친 뒤 광산으로 가는 비율이 높다고 한다. 광산이라고 해도 최신 설비와 기술을 갖춘 곳이고 임금도 엄청나게 받고 작업 조건도 기가 막히게 좋다. 이런 조건에서 20년 정도 일을 하고 40대 후반에 은퇴해서 남은 인생을 즐기면서 사는 것이 그들 삶의 형태라고 한다.

이렇듯 교육을 많이 받지 않아도 사회적으로 살아가는 데 별문제가 되지 않으니 얼마나 부러운가? 이러니 못 배웠다는 기준을 어디에다 둬야 할지 애매한 상황이다. 하지만 '교육받지 못하고 수입이 제대로 없는 도시인들'은 확실히 위험한 인간들이라 할 수 있다. 한창 자라나는 청소년들, 싱싱한 청년들이 집단으로 남을 가해하는 취미를 가지게 되는 것을 과연 어떻게 이해해야 할 것인가?

비록 교육을 많이 받지 못했어도 호주의 시골 사람들은 순박하다. 그러나 일반적으로 도시에 살면서 교육을 못 받은 인간들은 한마디로 거칠고 야만적이다. 물론 한국 사람도 제대로 교육받지 못한 사람들은 엉망이 될 수 있다. 그러나 최소한 인간으로서 기본은 한다.

내가 이런 소리를 하면 집사람은 항상 "당신이 한국을 떠나 있으니까 그런 소리를 하는 거다. 한국에도 못된 인간이 얼마나 많은데"라고 한다. 그럴지도 모른다. 허구한 날 못된 백인들에게 당하고 살다 보니 나도 모르게 한국에 대해 실제보다 미화하고 있는지도 모른다.

그런데도 똑같이 교육을 못 받았더라도 백인들이 동양인보다 훨씬 더 짐승다워지는 것 같다. 즉 말이 통하지 않고 감각적인 욕망과 생존을 위해서만 움직인다는 얘기다. 오늘날 서구 사회의 골칫거리 중 하나인 스킨헤드 그룹의 주축은 고등학교도 제대로 졸업 못 한 10~20대들이고 KKK나 신나치 활동을 하는 이들도 교육 수준이 전반적으로 낮은 40~50대 노동자 계층으로 백인 중에서 소외된 자들이다.

동양과 서양 교육의 차이

백인과 한국인 사이에 왜 이런 차이가 날까 하고 생각하면서 글을 쓰는 와중에 답을 찾는 데 도움이 될 만한 일이 생겼다.

주말에 호주 남자들과 결혼해서 사는 다섯 가정이 함께 만났다. 자연스럽게 한국식으로 남자는 남자끼리 여자는 여자끼리 자리를 만들다 보니 나는 당연히 남자들 속, 즉 영어로 소통하는 사람들 사이에 파묻히게 되었다. 5명의 호주인 속에서 대화를 쫓아가려니 무척이나 숨 가쁘게 되었다. 그러나 내가 누군가? 영어가 달린다고 가만있을 수 있는가? 이런 때는 짧은 혀를 머릿속에 들어 있는 것으로 보충하는 수밖에 없다.

조심스럽게 동서양의 '교육받지 못한 사람'의 차이에 관해 이야기를 꺼냈다. 동양과 서양 사이에서 살고 있는 사람들이기 때문에 여러 가지 이야기가 나왔다. 이탈리아계 이민자 2세로 다양한 문화를 접해본 알렉스라는 친구가 재미있는 이야기를 꺼냈다.

  열 살 때 필리핀인 친구 집에 놀러 가서 심하게 장난을 치며 놀았다고 했다. 그런데 친구 아버지가 들어오더니 친구를 심하게 때린 다음 그 정도는 아니지만 자기도 때리더라는 것이다. 알렉스네 아버지도 매우 엄격하지만 화가 나서 문을 꽝하고 닫으면 "문 살살 닫아!" 하고 야단치는 정도였다고 한다. 그런 그가 난생처음으로 친구 아버지한테 매를 맞았으니 놀랄 만한 일이 아니었겠는가? 이야기를 듣던 우리도 놀랐지만 알렉스의 설명을 듣고는 이해할 수 있었다. '내 집 안에 들어왔을 때는 모두 똑같이 자식으로 취급한다'는 게 필리핀의 문화였던 것이다.

  집으로 오면서 알렉스의 이야기를 다시 한 번 곱씹어보았다. 부모의 권위 속에서 자라는 동양인과 그렇지 않은 백인들의 상황이 다르므로 교육을 제대로 받지 못한다면 그 결과가 같을 수 없다는 제한된 결론을 얻었다.

  백인들 가운데 이상한 인간들은 약간의 조건만 갖춰지면 언제든 범죄자로 돌변할 가능성이 있다. 반면 한국인은 겉은 멀쩡한데 속이 이상한 경우가 많다. 겉만 보아서는 도무지 어떤 인간인지 짐작할 수가 없다. 백인들은 미리 경계하기가 쉬우

나 한국인은 분별하기 어려워 느닷없이 봉변을 당할 가능성이 더 크다.

우리 세대는 자라면서 선진국에 대해 환상을 가졌다. 스스로에 대해서는 '엽전이 별수 있나?' 하는 열등감도 가졌다. 그렇기 때문에 선진국을 따라 하기 위해 오히려 선진국의 현실보다 더 높은 기준을 잡고 있었다.

예를 들어, 우리는 선진국 시민은 길거리에 담배꽁초를 버리지 않는다고 믿고 거기에 맞춰 오랜 세월 스스로를 교육하고 바꾸어왔다. 그래서 많은 사람이—전부는 아니지만—이제 정말로 길거리에 꽁초를 버리지 않는다. 그러나 담배꽁초에 관한 선진국의 이야기는 사실이 아닌 거짓이었다. 그런 나라의 사람들이 일부 있을지 모르지만 대부분의 선진국과 그 구성원에게는 해당하지 않는 이야기였다.

공중도덕? 사람들이 보이지 않는 곳, 남의 눈을 의식하지 않아도 되는 곳에서는 백인들이라고 해서 그런 것 없다. 일례로 공원 화장실 변기에 뚜껑이 없는 곳이 많다. 이 때문에 새로 만드는 공원 화장실에는 교도소 변기처럼 변기통 자체가 아예 하나로 된 철제 변기를 설치하고 있는 실정이다. 차 안에 있는 1달러짜리 동전을 훔치기 위해서 몇백 달러짜리 유리창을 깨뜨리는 머리 나쁜(?) 도둑들이 너무 흔하다.

  상황이 이런데도 우리는 어떤 이유에선지 선진국의 국민성을 믿어버렸고 그렇게 되고자 오랜 세월 스스로를 돌아보고 비판했다. 그 덕분에 이제 이런저런 방면에서 한국은 선진국보다 사회적 질서가 더 잘 잡혀 있다고 볼 수 있다. 윗사람들이 질서를 안 지켜서 걱정이지.

  서구 사회는 기독교와 떼어놓고 생각할 수 없다. 호주에 처음 왔을 때 한국보다 훨씬 질서정연하고 체계가 잘 잡혀 있는 모습을 보고 이것이 기독교의 영향 때문인 줄 알았다. 그러나 다년간 택시 운전을 하면서 관찰 끝에 서구 사회가 이토록 짜임새 있게 조직되고 효율적인 이유가 기독교와는 전혀 상관없다는 사실을 깨달았다. 그럼 도대체 무엇 때문일까?

  이 대목에서 나는 푸코의 저작 《감시와 처벌》이 생각났다. 한국 사회에는 삼청교육대가 전두환 시절에 생겼으나 푸코의 설명에 의하면 서구는 17세기에 이미 시작됐다는 것이다. 호주는 원래 영국의 삼청교육대였다. 호주는 영국이 가장 잘나가던 빅토리아 여왕 시절, 배가 고파서 빵 한 조각 훔치다 잡혀도 이곳으로 보내졌던 죄수 18만 명으로 시작된 땅이다.

  외국 역사를 다룬 영화를 보다 보면 전투 장면에서 적이 앞에서 총을 쏘는데도 일렬횡대로 총을 들고 전진하는 모습이 나온다. 목숨 아까운 줄 모를 리가 없는 인간들이 총알을 피하기는커녕 맞아가면서 마치 로봇처럼 앞으로 나아갈 수 있도록 하는 힘이 바로 조련 기술에서 나온다.

과거 한국 TV에 명절 때면 심심치 않게 나오던 《아라비아의 로렌스》라는 영화가 있다. 일개 영국군 스파이 장교를 영국인의 입맛대로 영웅으로 만든 영화다. 한마디로 구라지만 그 영화에는 앞서 이야기한 내용을 파악할 중요한 열쇠가 있다. 제1차 세계대전을 무대로 한 영화에서 로렌스의 임무는 아라비아 부족들을 충동질해 그들을 지배하고 있는 영국의 적인 오스만튀르크와 싸우게 하는 것이었다. 아랍 족장은 자기들에게 무기를 주면 터키를 이길 수 있다고 한다. 이때 로렌스는 "당신들에게 필요한 것은 무기가 아니고 훈련이다"라고 말한다.

'훈련'이라는 열쇳말! 서구는 한마디로 동양보다 먼저 훈련을 시행해서 동양을 제압할 수 있었다. 아시아에서 가장 먼저 훈련을 배운 일본이 나머지 훈련받지 못한 나라들을 괴롭혔고.

훈련받지 못한 군대를 오합지졸이라고 부른다. 사람이 사람다워지려면 훈련이 필요하다. 반성하라고 교도소에 보냈더니 범죄 훈련만 받아서 나오는 것처럼 훈련에는 부작용이 따르기도 한다.

푸코에 의하면 '병영'이란 것이 17세기 이전에는 존재하지 않았단다. 사람들의 행동을 일정한 장소에 한정시키는 기술(감옥의 점잖은 표현), 일정한 장소에 정주시키는 기술(강제 이주), 사람들에게 어떤 특정한 행위나 습관을 강요하는 기술 등이 17세기 이후에나 형성되었는데, 그것은 문자 그대로 인간을 조련하는 기술이었다.

서구 세계는 근대 이전부터 규율을 통해 사람들을 통제하는 수도원을 시작으로 군대, 학교, 병원 등 꽉 짜인 일과로 인간의 정신을 훈육하는 집단을 양성해왔다.

물론 어느 집단에서나 개인차는 있기 마련이다. 그러나 집단을 평가할 때에는 이를 무시하고 집단 자체를 도매금으로 평가할 수밖에 없다. 서두에 밝힌 것처럼 두 집단 간의 차이를 평가할 수 있는 객관적 기준이 없을 때는 양쪽 사회를 살아보고 피부로 느껴보는 수밖에 없다. 경험을 비추어 단적으로 이야기하자면, 동양 사회는 개인차가 그리 크지 않은 반면 서양 사회는 개인차가 엄청나다. 천사 같은 사람도 많지만 짐승도 따라가려면 헐레벌떡거릴 인간도 많다.

신뢰의 순서

가끔가다가 손님들로부터 "왜 이민을 왔느냐?"는 질문을 받을 때가 있다. 그럴 때마다 구구한 개인적인 이야기를 할 수가 없기 때문에 "사회적 스트레스Social stress가 많아서 왔다"고 답한다. 눈치가 있는 사람들은 대강 알아듣는데 가끔 공부 못하는 아이들이 선생의 말귀를 못 알아듣고 엉뚱한 질문을 하듯 "사회적 스트레스가 뭐냐?" 하고 되묻는 사람들이 있다. 이들에게 한국의 형편을 이해시키려면 운전이 노동이 아니라 설명이 노동이 되고 만다.

한번은 좀 개념 없는 사람이 "나도 사회적 스트레스를 많이 받고 있다"고 하기에 "어떤 일을 하시는데요?" 하고 물었다. 프랜차이즈 커피숍을 하는데 시청의 규칙이 까다로워서 스트레스를 많이 받는다고 하기에 "그게 아니라 사회가 정의롭게 돌아가지 않을 때 받는 걸 사회적 스트레스라는 겁니다." 하고 친절하게 설명해주었다.

하기야 정치적, 사회적, 사상적, 문화적으로 억울하거나 부당한 일을 당할 일이 별로 없는 나라에 사는 사람이 어떻게 그런 것을 알 수 있겠나? 국가로부터이든 개인으로부터이든 간에 조금이라도 자기 권리가 침해되었다고 생각하면 고소부터 하고 보는 사회에서 살면서 말이다.

내가 아는 한 백인은 일본학을 전공했다. 성적이 우수해서 박사학위까지 할 능력이 충분했지만 졸업 후 약 6개월 정도 직장을 다니다가 재미가 없었는지 일본으로 갔다. 거기서 5년 정도 영어를 가르치다 중국으로 건너가 약 10년간 영어를 가르친 다음 호주로 돌아왔다. 지금 그는 공원을 관리하는 단순노동자로 살고 있다.

그는 가르치는 일만 하다가 노동을 하니 즐겁단다. 영어를 가르치는 일은 언제나 실내에서 하는 터라 때로는 스트레스가 생겼지만 지금은 밖에서 일해서 좋고 손으로 일하니 준비할 필요도 없다고 했다. 몸을 움직이니 운동도 되고 일을 위해 별다른 생각을 하지 않으니, 일하는 동안 여러 가지 예술적인 발상이 떠오른다고 했다. 그래서 공원 관리 일을 시작하고 나서는 10대에 그만두었던 그림을 다시 그리기 시작했단다. 카를 마르크스가 생각한 이상 사회에서는 한 사람이 노동도 하고 시도 읊고 그림도 그리고 한다더니, 지금 호주의 현실에서 그것이 가능하다는 말인가 하고 생각하게 된다.

단순노동으로 얻는 수입으로 마르크스가 꿈꾼 유토피아 같은 생활이 될까, 궁금해서 물었더니 정규직이 아니고 비정규직(캐주얼)이라 시급을 높게 받는 편이라 한다. 호주에서 비정규직은 정규직 직원에게 주는 수당이나 회사가 내야 하는 의무적인 연금이 없으므로 시급이 더 높게 책정되어 있다. 대신 언제 잘릴지 모르고, 일하지 않는 날은 보수가 없다. 그는 미래에 대한 설계가 전혀 없었다. 지금 하고 있는 생활 이상으로 바라는 것이 없기 때문이었다. 그렇다면 한국 젊은이들은? 갑자기 화가 치민다. 차라리 생각을 말아야지.

호주 백인 젊은이들은 잘 모르겠지만 호주에서 나거나 자란 동포 젊은이들을 보면 대체로 좀 싱거워 보인다. 호주 교민들의 가정에 가보면 한국과 달리 야만적인 눈빛이 보이지 않고 심심하고 건조한 맹물 같아 보이는 젊은이가 많다. 아마도 스트레스가 없는 사회에 적응해 간이 안 맞아서(?) 그런가 보다. 사람을 봐도 인사는커녕 멀뚱멀뚱 바라보는 아이가 많다.

사실 손님이 오갈 때마다 "손님 오셨다. 인사해라! 가신다. 인사해라!" 하고 아이들을 부르는 것도 쉬운 일은 아니다. 그럴 경우 딴 방에서 놀다가 로봇처럼 인사만 하고 재빨리 사라진다. 어떤 때는 10만 대군이 죽느냐 사느냐 하는 문제가 걸린 컴퓨터 게임을 하고 있던 10대 아이들이 잘 알지도 못하는 손님이 현관을 나설 때까지 기다렸다가 "안녕히 가세요." 하도록 하는 인사를 굳이 시켜야 하느냐는 고민에 빠지는 경우도 있다.

그러나 그런 기본예절 교육이 중요하다는 것은 구태여 강조할 필요가 없다. 그렇게 자란 아이들은 어른을 멀뚱멀뚱 보는 아이들과는 확연히 다르기 때문이다. 사회적 스트레스가 없는 곳에서 사람을 보면 인사를 하는 정도의 문화적 스트레스 정도는 남겨 두어야 한다고 생각한다.

신뢰가 부족한 사회일수록 절차와 순서가 복잡한 법이다. 호주에 처음 와서 놀란 게 있다. 관공서가 사람이 하는 말을 그대로 믿어준다는 것이었다. 까다롭게 증빙서류를 요구하지 않았다. 그러나 이민자가 늘어나면서 이런 문화도 점점 변하고 있다. 이민성移民省에서 요구하는 입증서류가 점점 까다로워지고 있다. 특히 짝퉁 천국인 중국인들한테는 다른 나라 이민자보다 두 배의 입증서류를 요구하고 있다.

신뢰는 서구인과 동양인 모두 중요하게 생각하는 가치 중 하나다. 주요한 차이는 그 가치의 기본값이 다르다는 데 있다. 서양에서는 신뢰를 깨뜨리는 행동을 하기 전까지는 상대방을 믿는 것이 일반적이다. 반면 동양에서는 기본값이 불신에 가깝다. 중국인들이 보여주는 방식이 대표적이다. 상대방이 자신의 가치를 증명하기 전까지 쉽게 믿으려 하지 않는 것이다.

왜 이런 차이가 발생하는 것일까? 개인주의를 중심으로 하는 서구 문화에서는 생존에 필요한 기회를 포착하기 위해 동맹을 맺고 인적 네트워크를 확장하는 일이 아주 중요하다. 가만히 있는 자에게 저절로 기회가 주어지는 경우가 드물기 때문이다. 적극적으로 관계를 형성해나가야 하는 상황에서 불신은 관계 형성의 속도를 늦추기만 할 뿐이다. 이 때문에 상호 믿음을 관계의 시작점으로 생각하는 문화가 자리 잡게 되었다고 볼 수 있다. 대조적으로 중국에서 신뢰란 기회 포착보다 안전을 도모하는 장치라고 볼 수 있다. 따라서 일단은 불신으로부터 시작해서 상대방의 안전성을 검증하는 시간이 필요한 것이다.

07
별별 나라의 인종들

리더의 중요성

거칠어 보이는 젊은이 4명이 타서 정신없이 떠들어대는데 도대체 어느 나라 말인지 알 수가 없었다. 영어 같기는 한데, 전혀 알아들을 수 없었기 때문이다. 말을 씹어 먹듯이 하는데 도저히 알아들을 수가 없어서 하마터면 당신들 어느 나라 말을 쓰느냐고 물어볼 뻔했다. 'Turn right'를 '턴 라이트'도 아니고 '턴 레프트'도 아니고 '턴 레이트'라고 하니, 오른쪽으로 가라는 말인지 왼쪽으로 가라는 말인지 도대체 알아들을 수가 없었다. 아일랜드 사람들이었다.

알아듣기 쉽건 어렵건 간에 아일랜드 사람들도 영어를 쓰기 때문에 호주에 많이들 취업한다. 아일랜드는 과거 영국으로부터 500년 동안 무자비한 식민지 지배를 당했다. 그동안 아일랜드 사람들은 자신들의 말과 글을 잃어버렸다. 그런 사실을 알고 보니 오히려 아일랜드 사람들의 이상한 영어가 정겹게 느껴졌다.

식민지배 이야기가 나와서 말인데, 일본이 조선에 저지른 악행은 양반일 정도로 영국은 정말이지 아일랜드 사람들에게 무자비한 악행을 저질렀다. 영국 군인이 지나가다가 아일랜드 사람을 불렀을 때 겔트어(아일랜드 사람들의 자국어)로 대답하면 그 자리에서 목을 벴다고 한다. 또 아일랜드 사람들은 중세 시대를 지나고도, 밭을 가는데 말을 쓰지 못하고 사람의 힘으로 쟁기를 끌어 농사를 지어야 했다. 영국 입장에서는 말을 이용하게 하면 자칫 멀리 가서 조직적인 저항운동을 할 수도 있기 때문에 아일랜드 사람은 아예 말을 소유할 수도 없게 했었다는 것이다.

한번은 택시에 뉴질랜드 사람이 탔다. 키위(뉴질랜드에 사는 새. 뉴질랜드 사람을 지칭하는 말이기도 하다)가 나보고 뉴질랜드를 가보았느냐고 물었다. 아직 못 가보았다고 했더니 뉴질랜드 자랑을 한참이나 했다. 그래서 농담으로 "뉴질랜드 사람들이 호주 사람들보다 훨씬 더 친절하다고 하는 데 정말 그런가요?" 하고 물었다. 기분이 좋아진 키위가 "가보지도 않고 어떻게 아시죠?" 하고 대답했다. 나는 또 물었다. "그 이유가 뭔지 아세요?" "모르겠는데요?" "호주는 죄수들이 건설했고, 뉴질랜드는 간수들이 건설했기 때문이라더군요." 내 말에 키위는 배꼽을 잡고 웃으며, 돌아가서 뉴질랜드 방송국에 알려야겠다고 했다. 나도 누군가에게 들은 이야기인데 정작 그들은 이 유머를 모르고 있었던 모양이었다.

프랑스인을 태울 때는 접대용으로 하는 질문이 있다. 첫 번째는 "호주 대륙에 먼저 도착한 나라가 영국이 아니고 프랑스라는 사실을 아십니까?"라는 질문이다. 이에 대해 대부분이 알고 있다고 답하면서 호주 안에도 프랑스식 습관이나 지명이 있다는 사실을 알려준다. 그럴 때 나는 아부와 동시에 염장을 지르는 두 번째 질문을 펼친다.

"나는 영국보다 프랑스가 호주를 지배했다면 훨씬 더 나았을 것 같아요. 도대체 프랑스가 밀린 이유가 뭡니까?" 그러면 프랑스 손님들은 이구동성으로 '나폴레옹 3세' 때문이라고 말한다. 대충 설명하자면 이렇다. 프랑스는 시민혁명 이후, 혁명-과격화-반동-혁명의 경로를 밟아가며 민주정치를 발전시켰다. 7월 혁명으로 부르봉왕조를 몰아내고, 부르주아와 좌파들이 타협해서 '시민왕' 루이 필립을 왕으로 세운다. 루이 필립은 평소 자유주의적 견해를 견지하고 있었고, 개혁적 인물로 기대를 받았다. 하지만 루이 필립은 그 기대를 배반하고 보수적 틀에 안주하고 말았다. 루이 필립이 치세하는 동안 프랑스는 급격한 산업화를 거쳤으나 초기에 그를 지지했던 노동자의 생활은 급격히 나빠졌다.

그런 탓에 루이 필립의 대안으로 프랑스 국민이 선택한 인물은 나폴레옹의 조카인 '나폴레옹 3세'였다. 혁명에 대한 냉소가 '나폴레옹 향수'를 불러왔기 때문이다. 그러나 나폴레옹 3세의 치세는 프랑스가 강대국 대열에서 영원히 탈락하는 결과로 이어지고 말았다. 하여튼 나라가 잘되려면 지도자를 잘 만나야, 아니 잘 뽑아야 한다.

이명박의 '네 똥은 흑백이고 내 똥은 컬러 똥'이라고 믿는 영웅주의적 모습은 나폴레옹 3세와 아주 비슷했다. 나폴레옹 3세가 삼촌이었던 나폴레옹을 흉내 내려다 가랑이가 찢어졌듯, 이명박은 박정희를 흉내 내려다가 삽질로 팔뚝만 굵어졌다. 한편 박근혜는 제 아버지가 무엇을 했는지도 모르고 있는 것 같다.

홀로코스트 산업을 고발한 유대인

하루는 독일인 승객을 태우고 먼 거리를 가게 됐다. 둘 다 영어가 남의 나라 말이라서 부담 없이 이런저런 이야기를 했다. 세계에서 가장 이성적인 민족이라 할 독일인들이 어떻게 해서 히틀러의 광기에 휘둘릴 수 있었던가를 비롯해서 홀로코스트에 이르기까지 많은 이야기를 나눴다. 그와 대화를 하고 난 뒤 독일 사람들이 성숙하다는 생각이 들었다. 독일인들은 근대사의 과오 때문에 비난받는 것을 말 없이 잘 견디고 있기 때문이다. 그러다 슬슬 속마음을 얘기하는 데까지 나아갔다. 그는 '600만 유대인 학살'이라는 역사적으로 공인(?)된 독일의 범죄가 부풀려진 것에 대한 억울한 심정을 은근하게 털어놓았다. 그의 계산에 의하면 이렇다.

하루에 600명씩을 죽인다고 해도 꼬박 27년 4개월 동안 하루도 쉬지 않고 죽여야 600만 명이라는 희생자가 나온다. 독일이 강제수용소를 운영한 기간이 6년이니 600만 명을 죽이려면 1년 365일 24시간 쉬지 않고 가동해도 하루에 8000명씩을 죽여야 했다는 말이다. 이게 산술적으로 가능한가. 독일인 손님이 보기에는 이런저런 희생자를 다 합해도 100만이 넘지 않는다는 말이었다.

그러나 이는 아우슈비츠 수용소 한 곳에서 죽은 사람만을 계산할 때의 얘기다. 나치가 유럽 각지에 대규모 가스 시설을 갖춘 수용소를 짓지 않았다면 엄청난 학살을 저지를 수 없었을까? 그렇지 않다. 나치 독일과 그 협력자들이 제2차 세계대전 기간에 살해한 유대인 600만 명 중 절반가량은 아우슈비츠 같은 '공장식'이 아닌, 전통적인 '재래식' 방식(총살, 아사 등)으로 죽었다.

아우슈비츠의 '조립 라인식 학살'이라는 말은, 얼핏 들으면 무척 효율적인 방식으로 들리지만, 사실은 그렇지 않다. 수백만 명의 유대인을 기차에 실어 수송하고 큰 시설에 가두는 것보다는 이들을 찾은 장소에서 바로바로 죽이는 편이 훨씬 효율적이다. 나치 지도부가 수용소를 지은 이유는 유대인들을 신속하게 죽이기 위해서가 아니라, 학살자와 피해자들 간의 거리를 확보하기 위해서였다.

그런데 이에 대해서는 근거가 있는 다른 이론도 있다. 지구상에서 유일하게 이스라엘에 대놓고 적대적인 이란이 2006년 '홀로코스트에 대한 국제회의'를 개최해서 파문을 일으킨 적이 있다. 이 회의의 성격은 누구도 감히 건드리지 못하던 '홀로코스트'라는 성역을 재평가해보자는 것이었다. 홀로코스트는 분명히 일어난 명백한 사실이지만, 유대인들에 의해서 과장되고 확대 재생산된 측면이 있다는 것이다. 이 홀로코스트가 무조건적인 유대인 옹호 이데올로기로 작용해, 유대인들이 저지르는 악행에 대한 면죄부가 되기도 한다는 것도 분명한 사실이다.

홀로코스트 생존자의 자식인 노르만 핀켈슈타인이라는 유대인이 《홀로코스트 산업》이라는 책을 썼다. 그는 홀로코스트란 역사적 사실을 돈벌이 수단으로 만들어 부당하게 돈을 축적하고 있는 '홀로코스트 산업'의 메커니즘을 고발했다. 즉 '홀로코스트'로 밥 벌어 먹고사는 사람들이 하도 '여럿'이라서 좀 뒤져보자는 것이다. '홀로코스트'를 이용해 먹고사는 이들은 과연 누구인가? 핀켈슈타인은 독일에서 받은 홀로코스트 생존자 보상금을 미국 내 유대 단체 자금으로 전용하는 수준을 넘어, 아예 미국의 권력을 등에 업고 제2차 세계대전 당시 유럽 유대인들이 남긴 휴면 자산을 자기 것으로 만드는 데 혈안이 된 세력이 있다고 한다. 실제로 이들은 스위스 은행에 입금했던 사망한 유대인의 미청구 계좌를 앞세워 스위스를 비도덕한 국가로 몰아세우며 공격한 결과 1998년에 12억 5000만 달러를 배상받기도 했다.

시드니에서는 매일 다양한 종교 행사가 열린다. 대다수는 일요일에 종교 행사를 하지만, 무슬림은 금요일 오후에 자기네 모스크에 모이고, 유대인은 토요일에 회당에 모인다. 무슬림은 비교적 가난한 서쪽 지역에 몰려 산다. 모스크에 턱수염을 기른 무슬림, 그것도 남자들이 떼거리로 몰려 있으니 보는 사람은 불안할 수 있지만, 정작 본인들은 평화로워 보인다.

유대인은 부유층이 사는 동쪽 해변에 산다. 이들이 모이는 곳은 학교, 회당, 회관이다. 그런데 무전기를 든 경비원들이 길목마다 배치되어 경계하고 있다. 즉 그들은 평화롭게 신을 섬기지 못하고 돈을 들여 경비를 받으며 신을 섬겨야 한다. 왜 그럴까? 그러나 시커먼 남자들만 몰려다니는 무슬림과는 반대로, 유대인은 가족이 손에 손을 잡고 다닌다.

철학하는 택시 기사

한번은 공항에서 손님을 기다리는 동안 책을 보고 있는데, 머리에 터번을 두르고 콧수염을 멋있게 기른 《아라비안나이트》의 알리바바같이 머리에 터번을 두른 인도인이 다가왔다. 그는 "내일 시험이라도 봅니까?" 하고 농담을 했다. 씩 웃고 말았는데, 옆에 서서 내가 읽고 있는 책을 들여다보더니 다시 물었다.

"한국말입니까? 중국말입니까? 무슨 책이죠?"
"내용은 중국 것이고 글자는 한국어로 된 철학책입니다."
"철학이요? 택시 운전사가 철학책을 왜 보는 거죠?"
"운전 안 하면 누가 밥 먹여 준답디까?"
"그렇군요. 그런데 철학이 뭡니까?"
"한 가지 물어봅시다. 인도인은 세계적으로 수학을 잘하는 것으로 소문이 나 있는데, 왜 그런지 아시겠어요?"
"글쎄요. 잘 모르겠네요."
"보세요. 모든 편의점의 캐시어(판매원)가 인도인이잖아요."
내 얘기에 그 친구가 박장대소했다. 사실 이상하게도 시드니에 있는 모든 편의점의 캐시어는 인도인 젊은이들이었다.

"철학이란 바로 이런 겁니다. 무슨 현상이 벌어지는지, 왜 그런지, 어떻게 될 것인지를 생각하는 거죠."

인도인의 가방끈이 어느 정도 되는지 알 수 없지만 내 영어가 짧아 그렇게 설명할 수밖에 없었다.

"그런 건 점쟁이가 하는 일 아닌가요?"

헉? 이 녀석이 한국에서 점집을 '철학관'이라고 하는 걸 어떻게 알았지?

"맞아요. 그러나 그게 객관적이면 철학이고 주관적이면 점이 되는 거죠."

"그게 뭐가 다르죠?"

"당신, 시크교도죠? (시크교에서 남자는 터번을 두른다.) 시크교와 힌두교는 다르죠?"

"같은 것도 있고 다른 것도 있어요."

"둘 다 똑같이 인정하면 객관적인 것이고 다르게 생각하면 주관적인 것이죠."

"그것참 재미있군요. 오늘 좋은 거 배웠습니다. 고마워요."

인도인은 큰 눈을 굴리며 제자리로 돌아갔다.

내가 인도인들과 이야기하면서 이상하다고 생각한 부분이 있다. 인도인을 만나면 간디 칭찬을 입에 침이 마르도록 하는

데, 정작 인도 사람들은 시큰둥해서 오히려 칭찬하는 나를 무안하게 만든다. 왜 그런지 이상해서 계속 생각해봤는데 이제는 그 이유를 조금이나마 알 것 같다.

인도가 어떤 나라인가? 종교의 백화점 같은 나라가 아닌가? 워낙에 종교적 천재가 많은 나라이다 보니 간디도 그저 존경받는 정도일 뿐, 인도 바깥에서 생각하는 것처럼 그렇게 큰 영향력은 없다는 것을 알았다. 박정희에 의해 뻥튀기되었다가 지금은 거품이 많이 빠진 현충사처럼 간디를 위해 성역화된 거대한 기념 시설을 만든 것도 아니고, 마을마다 우리나라의 사당처럼 조그만 기념관이 있는 정도다. 다큐멘터리 필름을 보니까 그나마도 먼지투성이에 간디의 목이 날아가거나 오랫동안 문을 열지 않아서 녹이 슬기도 했다. 인도 대중에겐 간디의 영향력이 왜 그다지 크지 않은 걸까? 그것은 간디의 사상이 너무 어렵고 고상해서 보통 사람들이 따르기가 어렵기 때문이란다.

동서양 어느 인종을 막론하고, 오늘날과 같이 과학이 발달한 시대에도 귀신의 존재를 믿는 사람들이 있다. 한번은 나와 같은 이민자임이 분명한 젊은 여자가 택시에 올랐다. 그 여자는 나에게 부탁이 있다고 했다. 자기 집 앞에 내려놓고 가버리지 말고, 집 안까지 같이 들어가 달라는 것이었다. 엥? 이게 뭔 소리임? 나같이 나이 먹은 동양 남자에게 특별히 흥미를 느끼는 여자인가 했더니, 그런 자연스러운(?) 이야기가 아니라 지극히 초자연적인 이야기였다.

이사한 집에 귀신이 있어서 자기가 들어갈 때마다 인사를 한단다. 그래서 들어갈 때만 동행해주면 된다는 것이었다. 웬 귀신 씻나락 까먹는 소리인가 했지만, 사실 나도 그런 경험이 많다. 왜냐하면 한때 내 전공 분야였기 때문이다. 그래서 사실은 내가 퇴마사고, 귀신을 내쫓아 줄 테니 걱정하지 말라고 약간의 과장 광고를 했다. 만일의 경우 내가 여자를 따라 집에 들어갔다가 예기치 못한 문제가 생길 수도 있으므로 (여자가 귀신에 씌었을 수도 있으니까) 여자의 남편에게 전화로 내가 같이 들어간다고 말하라고 했다.

드디어 그 여자의 집에 도착해 집 안으로 들어갔다. 이사를 왔다더니 정말 아직 살림살이도 풀지 않은 상태였다. 불안해하는 여자 옆에서 나는 태권도 기마 자세로 기합을 넣고, 목에 힘을 주고 순수한 우리말로 "어디서 더러운 놈들이 지랄들을 하고 있어! 썩 나가지 못하겠느냐?" 하고 버럭 소리를 질렀다. 아마도 그 여자는 내가 무슨 신비한 주문이라도 외우는 줄 알았을 것이다. 그러고는 한동안 눈을 감고 기를 모으고 있었는데 여자의 남편이 들어왔다. 남편은 고맙다면서 다시 이사를 하려고 한다고 했다.

미국에서는 심령술과 연관된 서비스 산업이 연간 미화 30억 달러 규모에 이른다고 한다. 영靈의 존재 여부는 인류가 생겨난 이래 끊임없는 논쟁의 대상이다. 근대 합리주의 시대가 시작되기 전까지는 유령이 당연히 있다고 여겼다. 고대 이집트를 거쳐 그리스 로마 시대에도 '인간이 죽으면 끝'이라는 개념은 거의 없었다. 저승은 물론 이승조차 신과 유령, 정령, 인간 등이 부대끼며 사는 곳이라 여겼다. 중세 기독교 시대에는 말할 것도 없다. 이런 점은 서양과는 종교적 전통이 다른 동양도 다르지 않다.

인간은 가지가지다

이야기가 살짝 곁길로 빠진 것 같다. 애초에 하려던 얘기를 마저 하겠다.

2000년 시드니 올림픽 때의 일이다. 시내 한 호텔 앞에서 기다리고 있는데, 한국인으로 정체가 분명해 보이는 인간들이 무전기를 들고 왔다 갔다 했다. 호텔 현관 앞에 잠시 긴장감이 돌았다. 당시 IOC 위원으로 빌 게이츠의 100분의 1만큼이나 가난한 이건희 일가가 그 호텔에 머무는 모양이었다. 이건희의 딸 하나가 어디론가 가야 하는데 차가 미처 준비되어 있지 않아 난리가 난 것 같았다. 그날 저녁 TV에서 세계 제일의 부자 빌 게이츠가 와서 시내에서 전철을 타고 다닌다는 뉴스를 보았다. 하기야 자동차 한 대보다 전철 한 량 값이 얼마나 더 비싼가? 가난한 이건희 일가와는 비교되는 행보가 아닐 수 없었다.

  2002년 서울 월드컵 때였다. 준준결승에서 이탈리아와 치른 경기에서 심판의 석연치 않은(?) 판정으로 한국이 이긴 날이었다. 영업하다 말고 집에 와서 경기를 봤기 때문에 승리한 기분에 신나게 차를 몰고 시내로 나가는 길에 젊은 백인 2명이 택시를 세웠다. 태우고 보니 낭패였다. 방금 경기를 보고 화가 잔뜩 나 있는 이탈리아인들이 아닌가? 아차 싶었지만 이미 때는 늦었다. 그들은 차에 타자마자 "Fucking Korean!"을 연발하며 소리를 지르더니 나에게 월드컵 경기를 봤느냐고 물었다. 그렇다고 했더니 나더러 어느 나라에서 왔느냐고 묻는다. 한국인이라고 하면 혹시라도 돈을 안 내고 도망갈까 봐 조금

비겁하게 중국인이라고 답했다. 그랬더니 한 녀석이 어떻게 알아봤는지, "너, 한국인이지? 악센트를 보니 중국인이 아닌데?"라며 취조를 했다. 상황이 아주 곤란해졌다. 우물우물하고 있는데 다른 한 녀석이 "너 정말로 심판이 공정했다고 생각하느냐?"라며 따지고 덤벼들었다. 내가 적당한 변명거리를 찾지 못해서 우물쭈물하자 아무리 홈그라운드 경기라도 너무 한 것 아니냐, 그러는 게 아니다, 사람이 그렇게 살면 안 된다 등의 일장 훈시를 했다. 나는 그 순간 단군 할아버지의 후손인 죄로 그들이 돈을 내고 내릴 때까지 비굴한 얼굴로 수긍하는 척하면서 겸손하게 핸들을 잡아야 했다.

또 한번은 백인이 내가 한국인임을 알고, 서툴게 〈아리랑〉 멜로디를 흉내 내면서 뜻이 뭐냐고 물었다. 2002년 월드컵이 끝나고 몇 해가 지났는데도, 축구 경기장 응원석에서 90분 동안 배경음악처럼 들리던 〈아리랑〉이 호주인의 머릿속에도 각인이 돼버린 것 같았다. 그러나 나는 유감스럽게도 〈아리랑〉의 가사를 자랑스럽게 설명할 수가 없었다. 영어 실력이 부족해서가 아니라, 사실 〈아리랑〉의 가사가 응원가라고 하기에는 어울리지 않아서였다. 도대체 축구 경기에 발병이 난다는 노래가 어울리기나 한 것인가? 세상에 이처럼 어울리지 않는 응

윈가도 없을 것이다.

'한恨'이란 무엇인가? 억울하고 분해서 답답하고 기가 막힌 것이다. 분하고 억울하고 답답하고 기가 막혀 땅을 치고 통곡을 해도 시원치 않을 경험이 있는가? 나는 팔자가 사나워 어릴 적부터 한이 많은 사람이다. 설령 어떤 이는 팔자가 좋아서 개인적으로 한 맺힌 일이 없다고 해도 일제강점, 남북분단, 한국전쟁, 광주민주화항쟁까지의 경험을 통하여 맺힌 한이 많은 민족의 일원임은 어쩔 수가 없을 것이다. 한 많은 사람이 저절로 한숨을 내쉬듯이, 〈아리랑〉은 한국인의 한이 응원에도 그대로 나타난 것이 아닐까 생각해보았다. 사랑이라는 감정이 인간이 가질 수 있는 감정 중에서 가장 고귀한 것인 것처럼 한은 사람이 가질 수 있는 감정 중 가장 높은 차원의 감정이다. 못 사는 한, 못 배운 한, 떠나간 임을 잡지 못한 한.

나는 2002년 월드컵 때 끊임없이 〈아리랑〉을 부르면서 응원하는 모습을 보면서, '아! 저것은 응원이 아니고 한민족의 제사구나! 아니, 굿이구나!' 하는 생각이 들었다. 축구 경기가 아니라 한민족이 무의식적으로 함께 드리는 제사 혹은 굿이었던 것이다. 식민지, 분단, 전쟁, 독재 등으로 이어진 굴곡 많은 한국 현대사에서 트라우마를 경험한 한국인들의 상처를 치유하는 일종의 '씻김굿' 말이다.

  수많은 외국인을 태우면서 느낀 점이 하나 있다. 세상에는 참 다양한 사람이 있다는 것이다. 생각, 언어, 문화적 배경이 달라서 생긴 차이겠지만, 그것을 제외하더라도 참으로 다양한 사람이 있다.

08
이혼하면
쪽박 찬다

여권을 보호하는 사회

　　사람 좋아 보이는 신사가 전화로 열나게 떠들면서 차를 세웠다. 타자마자 "시티!" 하고 말하고는 계속해서 전화로 싸웠다. 세상에 싸움 구경처럼 재미있는 것은 없는 법인지라 열심히 들어보았더니 보통 심각한 내용이 아니었다.
　　듣자 하니 남자는 아내에게 접근하지 말라는 법원의 명령을 받은 터라 찾아갈 수가 없어 전화로만 이야기해야 하는 처지였다. 호주에서는 갈등이 생긴 부부 중 여자 쪽에서 '폭력우려 신청'을 하면 상황이 갑자기 심각해진다. 거기다 폭력우려경고 명령의 13개 조항 중 하나인 '100미터 접근금지' 처분을 받으면 남자는 꼼짝없이 집에서 쫓겨나게 된다. 그 기간이 최대 1년인데, 1년을 별거하면 자동이혼이다. 재산은 50:50으로 나누지만 16세 이하의 자녀가 있으면 재산의 4분의 3이 여성에게 돌아간다. 이혼한 뒤라도 자녀가 1명이면 수입의 18퍼센트, 2명이면 27퍼센트가 남편의 수입에서 떨어져 나간다. 술 먹고 자칫 강짜를 부리면, 12시간 안에 집에 들어가지 못하는 처분을 받을 수도 있다. 그러니 혹시 외국에서 살 계획이 있으면 참고하시기를 바란다. 아프리카가 아니라면 대강 비슷할 테니까.

일단 '접근금지' 처분을 받으면 자기 집이 1000만 달러짜리라도 들어갈 수 없다. 접근금지 처분 때문에 200만 달러짜리 집에 들어가지 못하고, 허름한 여인숙에서 사는 남자도 실제로 보았다. 집을 살 때 받은 은행 융자를 꼬박꼬박 갚아야 함에도 집에 들어가지 못하는 데다 당연히 아이들도 못 본다.

이런 상황 때문인지 택시에 탄 남자 승객들이 호주의 법이 잘못되었다며 울분을 토하는 경우를 여러 번 보았다. 프라이

버시를 칼같이 지키는 백인임에도 불구하고, 이혼한 신세 한탄을 이렇게 하는 것은 그만큼 억울하기 때문일 것이다. 그런데 재미있는 점은 여자들한테서는 그런 이야기를 들을 수 없었다는 것이다. 구시렁대는 사람이 모두 남자라는 사실은 그만큼 법이 여권을 보호하고 있다는 의미일 것이다.

내 차에 탄 남자는 150만 불짜리 사업을 처분했는데도 빚을 갚고 보니 돈이 얼마 안 남았단다. 그 때문에 아내한테서 그 돈을 어디다 썼느냐고 추궁을 당하는 모양이었다. 때로는 애절하게 때로는 화가 나서, 있는 대로 소리를 지르면서 전화를 하는데, 저러다가 심장마비가 오는 게 아닐까 걱정이 될 정도였다.

통화 내용을 들어 보니 여자가 남자 이야기를 들으려고 하지 않고 악만 박박 쓰는 것 같았다. 그에 대해 남자는 소리를 질렀지만, 욕은 한마디도 하지 않았다. 나 같으면 벌써 욕이 튀어나왔을 것 같은데, 남자 쪽이 좋은 집안 출신인 것 같았다. 같은 이야기를 반복하던 남자는 나중에는 힘이 떨어졌는지 전화를 끊었다. 목이 마를 것 같아 물 한 잔 주고 싶은데 다른 물이 없어서 내가 먹던 물이라도 마시겠느냐고 했더니 괜찮단다. 소란을 피워서 미안하다기에 나도 이혼을 해봐서(이런 때는 거짓말을 좀 해도 하나님이 이해해주시지 않을까 생각한다) 당신 심정을 충분히 이해한다고 위로를 해주었다.

남자는 한참을 멍하니 있더니 갑자기 바닷가로 가자고 했다. 또 한참을 말이 없기에 도대체 어디까지 갈 것인가 했더니 바다가 잘 보이는 낭떠러지 옆에서 세워달란다. 거기는 여행 가이드들이 종종 한국 관광객들에게 영화 〈빠삐용〉을 촬영했다고 구라를 치는 곳이었다. 실제로 가끔 이곳에서 인생을 마감하는 사람이 있기도 하다. 은근히 걱정돼서 괜찮으냐고 물었더니 힘없이 웃으면서 괜찮다고 하고는 택시에서 내렸다.

무지하게 신경이 쓰여 그 동네를 한 바퀴 돌고 다시 그 자리로 갔다. 남자가 멀리 바닷가 난간에 기대어 서 있었다. 택시로 다가오더니 나인 줄 알아보고 아직 안 갔느냐고 물었다. 나는 "동네에서 한 사람 태워주고 지나가는 길이다." 하고 둘러댔다. 남자가 택시에 타더니 이번에는 가까운 주택가로 가잔다. 주택가 근처 상가에 내려주고 신호등에 걸린 동안 '저 인간이 무얼 하나?' 하고 주시했다. 남자는 어느 상점의 쇼윈도를 맥없이 들여다보고 있었다. 영락없이 갈 곳 없는 사람의 형색이었다.

노인의 순애보

어느 젊은 엄마에게 들은 이야기다. 하루는 초등학교 2학년인 아들이 "엄마 아빠는 언제 이혼할 거야?" 하더란다. 깜짝 놀라서 "너 왜 그런 소리를 하니?" 하고 물어보니까, 아들이 어깨를 으쓱하더니 혼잣말로 "엄마 아빠가 이혼하면 나는 누구를 따라갈까? 엄마는 요리하고 청소를 할 줄 알지? 아빠는 돈을 벌어오지? 누구를 따라가는 게 좋을지 이따가 형한테 물어봐야지." 하더란다.

호주는 초등학생 때부터 이혼에 대해 가르친다. 부모가 갑자기 갈라설 경우에 생길 아이의 정신적 충격을 줄이기 위해서다. 혹은 이혼한 가정의 친구들을 이해하기 위해서 '사람이 살다가 싫으면 이혼할 수도 있는 법'이라는 인생철학을 아주 일찍부터 가르친다.

어느 날 TV에서 '동성 부부가 아이를 키우는 문제'에 대해 토론하는 장면을 보았다. 반대하는 입장에서 동성 부부가 아이를 키우면 교육이 제대로 되겠냐고 공격하자, 찬성하는 입장에서

"통계를 보면 지금 3분의 1이 혼자 자식을 키우고 있는 것

으로 나타난다. 혼자 키우는 것보다는 둘이 키우는 편이 더 낫지 않겠냐?"며 반론했다. 말이 되지 않나?

남들은 그렇게 쉽게도 잘들 하는 이혼을 한 번도 못해 보고 한 사람과 몇십 년을 살다 보면 어떤 일이 벌어질 수 있는지, 한 가지 예를 들어보겠다. 하루는 조그만 쇼핑백을 든 노인이 타더니 이탈리아 악센트가 강한 영어로 멀지 않은 곳에 있는 공동묘지에 가자고 했다. 택시로 묘지에 가는 게 흔한 일은 아니라서 말을 걸었다. 노인은 8년 전 세상을 떠난 아내의 묘에 간다고 했다. 노인이 말하길 본인이 직접 운전을 할 때는 매일 갔는데, 지금은 1주일에 3번 정도 간단다.

택시에서 내린 노인은 공동묘지 입구에 있는 꽃가게로 가더니 꽃을 한 다발 사 왔다. 다시 노인은 넓은 묘역 사이를 이리저리 인도했다. 노인의 지시대로 차를 몰고 가서 비교적 새로 생긴 것 같은 묘역 앞에 차를 세웠다. 나로서는 생전 처음 보는 묘역이었다. 봉안당처럼 생겼지만 화장한 유골을 보관하는 곳이 아니고 관 채로 보관한 곳이었다. 그러니까 비석이 있는 재래식 묘가 개인주택이라면, 여기는 아파트 단지인 셈이다. 호주의 공동묘지에 와본 일이 많지 않아서 무덤에도 아파트가 있는 줄은 몰랐다.

노인을 따라갔다. 아내의 대리석 맨션 앞에서 노인은 먼저 쇼핑백에서 작은 카세트 녹음기를 꺼내 들어 〈아베마리아〉를 틀었다. 순간 분위기가 거룩해졌다. 역시 음악의 힘은 위대하다. 노인은 꽃병에 꽂혀 있던 시든 꽃을 쓰레기통에 버리고, 새로 사 온 꽃들을 가지런히 꽃병에 꽂았다. 제사를 드리듯이 정성스럽게 일을 다 마치고, 짐을 다시 쇼핑백에 넣은 후 대리석 석판에 손을 얹고 잠시 묵상을 하고 일어섰다. 돌아오는 길에 자녀가 없느냐고 물었더니, 4명 있지만 그들은 모두 잊어버렸다면서 '한 번 아내는 영원한 아내'라고 했다. 가슴이 뭉클했다. 이 아름다움을 널리 알리고 싶어 노인이 헌화하는 동안 양해를 얻어서 휴대폰으로 촬영을 했다.

노인을 집까지 데려다주었더니 택시비가 50달러 가까이 나왔다. 그러니까 이 노인은 한 주에 아내의 묘지를 찾기 위하여 택시비 150불에 꽃값까지 포함해 200달러 정도를 쓰는 셈이었다. 집값이 비싼 시드니에서 방이 세 개나 있는 집에서 혼자 산다는데….

노인은 말하는 것을 보아서 무척 조용하고 내성적인 성격인 것 같았다. 아내의 묘지를 찾는 그 정성으로 아내를 기리면서 뜻도 있고 다른 사람에게 도움이 되는 일도 얼마든지 할 수 있고, 다른 방법으로 아내를 기릴 수도 있을 텐데 하는, 약간의 아쉬움이 들었다.

결혼의 의미

보통 공항으로 가는 여자들은 옷차림이 말쑥한 법이다. 그런데 한번은 옷차림이 허술하고, 짐도 허접스러운 여자 손님을 한 명 태웠다. 시드니에서 1500킬로미터 정도 떨어진 애들레이드라는 도시에 사는데, 동생 결혼식에 왔다 가는 길이란다. 그쪽으로 시집을 갔느냐니까 그런 것이 아니고 단순히 시드니의 집값이 비싸서 이사를 한 것이라 했다. 어디에 살든 생활비는 똑같이 들지만 시드니에서는 자기가 가진 돈으로는 도저히 집을 살 수가 없었다고 한다. 집세를 내느니 차라리 다른 도시로 가서 살더라도 대출을 받아 집을 사는 편이 낫겠다고 생각해서 이사를 했단다.

여기까지는 별생각 없이 받아들였는데, 그다음 이야기가 충격적이었다. 남편 없이 혼자 4살짜리 딸을 키우는데, 집이라도 하나 가지고 있어야 딸애에게 장차 물려줄 것이 아니냐며,

자식을 위한 기반도 없이 애를 낳는 건 잘못이라고 했다. 자기도 아버지에게 돈을 조금 물려받았기에 집을 살 수 있었다는 것이다. 이혼을 했는지 사별을 했는지는 알 수 없지만, 서양 사회에서 어린 딸의 장래를 생각해서 집을 물려줄 생각을 하는 여자는 흔치 않다. 기특해서 내릴 때 택시비를 10퍼센트 할인해주었더니 천국에 들어가는 듯한 얼굴이었다.

부모가 제 역할을 하지 못하면 사회가 뒤치다꺼리해야 한다. 하루는 라디오 콜이 와서 손님을 태우러 컴퓨터에 나온 주소로 찾아갔다. 구내는 매우 넓은데 건물이 드문드문 있었고 모든 건물이 밖에서 안이 안 보였다. 어딘가 음산했다. 학교도 아니고 병원도 공원도 아닌 게 도대체 무엇을 하는 곳인지 수상스러웠다. 한참을 기다렸더니 한 건물에서 무뚝뚝해 보이고 무게가 0.1톤 정도는 나갈 만큼 큰 통가Tonga(오세아니아의 국가. 태평양상에 있음) 여자가 나왔다. 호주에서 통가인들은 덩치 덕분에 경비원으로 많이 일한다.

손님이 타고 나서 조심스럽게 여기가 뭐 하는 곳이냐고 물었더니 10대 여자아이들을 수용하는 소년원이란다. 현재 재소자는 18명이며, 그중에는 살인범도 2명이나 있다고 했다. 그런데 그들을 관리하는 직원이 20명이라고 했다. 다시 말해

18명의 말썽꾸러기 때문에 거대한 시설을 운영하고 있고, 수백만 달러의 세금을 사용한다는 것이었다. 과연 그 아이들은 어디서 왔을까? 하늘에서 떨어졌나? 아니다. 대부분이 문제 있는 가정에서 왔을 것이다. 부부싸움이 잦아 가정이 깨지고, 삐뚤어진 자녀가 문제를 일으키면 상담전문가, 경찰, 교도소 등에서 막대한 세금을 쓴다. 모두 다 사회가 부담하는 돈이다.

운전을 하다 보면 손님이 택시의 문을 잘못 닫을 때가 있다. 문을 다시 닫을 때면 반드시 차를 세우라고 한다. 한국에서 일반적으로 하는 것처럼 달리는 사이 재빨리 문을 열었다가 닫는 법은 절대로 없다. 복잡한 거리에서도 문을 다시 닫을 때면 꼭 차를 세우라니 어떨 때는 '그냥 열었다 닫으면 되는데…' 하는 생각이 들어 오히려 짜증스럽다.

한번은 동양인 청년이 백인 여자애와 같이 탔다. 동양인이 어느 나라 사람인가 하고 궁금하던 찰나 차가 달리는 와중에 문을 열었다가 다시 닫았다. 그 행동을 보고 "한국인이시죠?" 하니까, 청년이 깜짝 놀라며 어떻게 알았느냐고 되물었다. 내가 눈치를 챈 이유를 설명하니까 저도 이상한지 웃는다. 호주에서 태어났다는데, 완전히 호주 사람일 그가 한국 사람처럼 행동하는 이유는 물으나 마나 엄마한테 배운 것이다. 엄마가 하는 것을 어릴 적부터 보고 무의식적으로 배운 것인데, 그 청년의 엄마가 운전 중에 문을 열고 다시 닫을 일이 과연 몇 번이나 있었겠는가? 엄마가 아이를 태우고 나처럼 택시 운전을 하는 것도 아니니 불과 몇 번뿐이었을 텐데 아이가 자기도 모르게 그걸 배운 것이었다.

이렇게 좋은 것이든 나쁜 것이든 버릇에서 재산까지 생물학적, 경제적, 사회적, 문화적 요소까지 물려받고 물려줄 수밖에 없는 관계를 천륜이라고 한다. 인간은 여기서 벗어날 수 없다. 아무튼 천륜 관리를 철저히 해야 한다.

사실 다음daum에서 내 아이디가 '이혼전문주례'다. 내가 처음으로 관여했던 이혼은 자랑스럽지 못한 이야기다. 바로 부모님의 이혼이었기 때문이다. 우리 부모는 1940년대 말, 이혼이 오늘같이 흔하지 않던 때 헤어졌다. 나는 6개월 때 생모와 헤어졌지만, 호적 정리를 하지 않고 있었다. 그 때문에 아버지가 재혼해서 낳은 동생들은 내가 20살이 될 때까지 출생신고도 되어 있지 않았다. 그 시절에는 호적등본 같은 것 없이도 학교에 다니는 게 가능했던 것 같다.

동생들의 호적을 만들어주기 위해 내가 고등학교를 졸업하던 해까지 20년간 만나지 않았던 아버지와 생모를 대면하게 했다. 부모는 이혼 서류를 작성하고 도장을 찍었다. 영화에서도 찾아보기 어려운, 그 순간의 어색함이란 도저히 말이나 글로 설명하기 어려운 것이었다.

나는 지저분한 이혼, 화끈한 이혼, 칼부림 나는 이혼, 소송으로 지루하게 끌려가는 이혼 등 다양한 이혼 사례를 봤다. 심지어는 이혼을 위한 재판에 증인으로 불려 나가서 양쪽 모두에게 공평한 증언을 했다가, 자기편을 들어주지 않는다고 양쪽으로부터 적으로 몰려버린 일도 있었다. 한번은 내가 법정에서 증인을 서서 이혼까지 했는데, 나중에 다시 합쳐서 내 입장만 곤란해지는 멍멍이 같은 경우도 당했다.

결혼주례와 달리 이혼주례는 생기는 것도 없이 사람의 진을 빼는 일이다. 결혼주례는 한두 번만 만나면 되지만, 이혼주례는 시도 때도 없이 만나야 하고 비상시에도 대처해야 한다. 때로는 자다가 뛰어나가기도 하고, 밥 먹다가 달려나가야 할 때도 있다. 마치 119 구급차량처럼 말이다. 이혼은 당사자들도 힘이 들지만 옆에 있는 사람들에게 끼치는 민폐도 이만저만이 아니다. 일단 싸움을 시작하면 조용히 끝내기가 어렵기 때문이다.

이혼전문주례로, 내가 부부 사이의 분쟁에 개입하는 이유는

'너 죽고 나 죽자'가 아니라 '너 살고 나 살자'를 바라기 때문이다. 하지만 지금까지의 경험으로 볼 때 그렇게 되는 경우는 거의 없었다. 대개 '나 보기가 역겨워 가실 때에는 말없이 고이 보내 드리오리다'가 아닌, '나 보기가 역겨워 가실 때에는 온갖 저주를 퍼부으리다'로 끝난다. 세상의 이혼에는 '잘못한 편'과 '잘한 편'만 있는 게 아니라 '더 잘못한 편'과 '덜 잘못한 편'이 있게 마련이다. 그래서 이혼주례를 할 때 '덜 잘못한 편'에 서서 '더 잘못한 사람'과 싸움을 해야 하는 경우가 생기기도 한다.

하여간 이 세상에 벌어질 수 있는 각종 치사하거나 처절한 이혼 과정에 개입해본 이혼전문주례로서 아직 한 번도 실행에 옮겨보지는 못했지만, 이혼예식은 '신랑 신부 키스' 대신 '따귀를 한 차례씩 때리는 것'으로 생각하고 있다.

세상의 일은 자꾸 해봐야 잘할 수 있지만, 결혼은 여러 번 할수록 잘할 수 있는 일이 아니다. 부득이한 사정으로 결혼을 한 번 이상 하는 경우가 있기도 하지만 처음부터 결혼을 여러 번 해야겠다고 마음먹는 사람은 없을 것이다. 그러므로 결혼을 단 한 번에 성공하기 위해서는 골고루 살펴야 한다. 어느 날 아들딸들이 배우자를 데리고 나타나서 '이 사람과 결혼했습니다.' 하는 사회와는 달리, 아직 한국에서의 결혼은 단순히 남녀가 결합하는 것 이상이다. 상대가 가지고 있는 구조와 이쪽의 구조와의 결합이기도 하기 때문이다.

결혼은 특히 해외에 사는 동포들에게 큰 문제다. 워낙 사람 수가 적은데다가 제대로 맞춰지기도 어렵기 때문이다. 예를 들어 같은 기독교인이라도 자기 교회에 나가는 사람들끼리만 알 뿐 다른 교회 사람을 모른다. 이 때문에 전문 직업을 가진 멀쩡한 처녀, 총각이 곱게 늙어가는 경우도 많다. 한국에서처럼 이것저것 조건을 따질 수가 없어 한쪽으로 기우는 비대칭 결혼을 할 수밖에 없는 경우도 생긴다. 즉 이민사회는 결혼의 사회적, 경제적, 법적, 심리적, 윤리적 문제가 발생하는 경우가 훨씬 심각하다는 얘기다.

결혼이란 오묘해서 수학 공식같이 되는 것이 아니다. 수학에선 당연히 $1+1=2$가 되어야 하지만, 한 사람과 한 사람이 만나서 하는 결혼은 $1+1=2$가 아니라 $1+1=0.5$가 되기도 한다. 서로 도움이 되어주기보다 서로의 장점을 제어하거나 심지어는 깎아 먹고 살기 때문이다.

김대중 전 대통령처럼 $1+1=2$이면 대박이 난 거다. 결혼생활이 $1+1=0.5$이면 그런대로 평년작은 하는 것이지만, $1+1=0$이나 마이너스가 된다면 악연일 것이다.

09
문화 간의
만남과
갈등

동포들을 태우다

운전 중에 동포들을 만나는 경우가 종종 있다. 제일 많이 볼 수 있는 한국 사람들은 패키지 관광을 온 여행객이지만 그들은 단체로 몰려다니기 때문에 택시와는 상관이 없다. 그다음으로 많이 볼 수 있는 이들은 한국 회사에서 출장을 와 비교적 저가 호텔에서 묵는 젊은 사람들이다. 이 중에서 제일 자주 만나는 사람들이라면 한국 제일이라는 기업의 명성에 걸맞게 삼성에서 다니는 회사원들이다.

한번은 회식을 마치고 집으로 가는 삼성 현지법인의 직원을 태우게 되었다. 그는 시드니에 온 지 2년이 넘었는데 집에서 식구들과 저녁을 먹어본 적이 몇 번 없다고 했다. 한국인 7명이 150명의 호주 직원을 관리해야 하므로 쉴 틈이 없다는 것이다. 호주 직원들도 한국 사람처럼 열심히 일하느냐고 물으니까 물론이라고 했다. 그러면 불평하지 않느냐고 물었더니 삼성에서 근무했다면 다른 회사에서도 인정해주기 때문에 회사를 옮길 때 유리한 경력이 되므로 긍지를 가지고 일한다고 했다. 삼성은 '성공'이라는 든든한 배경을 바탕으로 그 가치와 욕망, 일하는 방식 등을 작게는 대한민국, 넓게는 전 세계로 확장하고 있는 셈이다. 삼성은 해외에서 현지의 문화에 적응하기보다는 현지 직원을 삼성화시키고 있다. 그 직원의 말에 의하면 처음에는 현지 직원들의 이탈과 반발이 심하지만 날이 갈수록 삼성의 성장과 더불어 삼성이 원하는 가치를 직원들이 따르게 된다는 것이다.

또 한번은 한국에서 온 삼성전자 모바일폰 기술자들을 태운 일이 있었다. 3박 4일 일정으로 출장을 왔는데 하루도 쉴 틈 없이 일만 하고 즉시 돌아가도록 일정이 짜여 있었다. 예를 들면 월요일부터 금요일까지가 출장이면 쉬는 날인 토요일에 비행기를 타고 와서 일요일을 집에서 쉰 다음 월요일에 피로가 풀린 모습으로 곧바로 회사에 와서 일할 수 있도록 한다는 것이다. 야박하게도 가는 날, 오는 날은 일하는 날로 쳐주지 않는다고 한다. 알고 보니 이런 출장 형태는 삼성만이 아니라 한국 젊은이들이 들어가지 못해서 안달을 떠는 모든 대기업의 공통적인 스타일이었다. 그러나 이런 방법은 호주 회사 같으면 있을 수 없는 야만적 경영이다. 기술자들의 얘기를 듣고 나는 아들들이 취직하기 전에 호주로 온 것이 천만다행이라는 생각이 들었다.

한국에서는 대부분 고등학교를 졸업하고 난 다음에 어떤 일을 하게 될 것인지에 대해 생각할 겨를도 없이 오로지 공부만 한다. 이 때문에 졸업 후 정작 노동자가 된 다음에 '내가 이 일을 하러 여기 온 것이 아니다'라거나 '내가 이런 일을 하게 될 줄 몰랐다'고 생각하게 된다. 그러니 뭐가 제대로 되겠는가?

어느 날 귀엽게 생긴 젊은 여자애가 택시에 올랐다. 어쩐지 그 나이 또래 아이들과 분위기가 달라서 뭘 하느냐고 물었더니 군인이란다. 그것도 해군. 왜 하필 해군이냐고 물었더니 자기는 블루마운틴이라는 시드니 근교 산동네에 살아서 해군에 지원했단다. 왜 군대에 갔냐니까 고등학교를 졸업할 때까지 무엇을 해야 할지 결정을 못 해서 군대를 갔다 온 다음 대학에 가야겠다는 생각에서 지원했다는 것이다. 이렇게 천천히 여유 있게 장래를 설계하는 아이들과 짐승 무리 쫓기듯 달려가는 아이들의 인생이 어찌 같을 수 있겠는가?

한번은 초등학교 종업식에 참석했는데 무슨 상이 그렇게 많은지 전교생에게 주는 것 같았다. 별의별 명분을 다 갖다 붙여서 학생들을 불러내 메달을 수여하는 것이 종업식의 하일라이트였다. 교사들이 메달 이름 짓기는 힘들었겠지만 그 상을 받은 아이들에겐 소중한 추억이 될 것이다. 아이들을 달달 볶는 한국이 교육지옥이라면 여기는 교육천국인 셈이랄까.

교육을 떠올리니 장애인 대학생을 안내했던 경험이 떠오른다. 한 주 동안 호주의 장애인 시설을 돌아보기 위해서 한국에서 온 10명 정도의 학생이었다. 그들의 일정 중에 캔버라 한국 대사관을 방문하는 순서가 잡혀 있었다. 나는 장애인 문제와 대사관과는 아무런 관계가 없으므로 대사관 방문은 피차 시간 낭비일 뿐이라고 조언했다. 그러나 그동안 대사관을 통해 섭외를 했고 대사관에서도 방문을 원하는 면이 있다고 해서 시간을 잡았다. 아마 대사관 사람들에게는 업무 보고 거리가 필요했던 것 같다. 단순히 교섭만 해주기보다는 장애인 대학생들의 공관 방문이라는 그림이 뭔가 그럴듯해 보이지 않는가?

11시에 대사관을 방문했는데 총영사, 참사관, 직원이 나와서 일행을 따듯한 태도로 맞아주었다. 중간에는 대사까지 짬을 내어 인사 말씀도 해주었다. 대사는 인사만 하고 자리를 떴다. 총영사와 대화 중에 국가의 큰일(4대강 사업을 암시하는 듯) 때문에 예산은 삭감되고 환율이 높아져서 대사관의 운영이 어려워졌다고 했다. 교민들에게 제공해야 할 서비스를 제대로 제공할 수 없음을 안타까워하는 마음을 충분히 읽을 수 있었다. 그는 일행에게 물밖에 대접할 수 없음을 무척 미안해했다. 예산에 쪼들리는 학생들 측에서 점심을 해결해줄 수 없겠느냐는 뜻을 조심스럽게 표현했지만 유감스럽지만 예산 사정상 그럴 수 없다는 답을 들었다. 아마도 대사관에서는 자기네 수준으로 생각해서 10명을 대접하자면 돈이 많이 들 것이라고 염려한 모양이다. 그러나 사실 그동안 10명 학생의 식사로 제일 많이 쓴 액수가 180달러였다.

그날 대사관 측에서 학생들에게 제공한 20여 개의 생수도 40달러는 되었을 것이다. 나올 때 나는 일부러 학생들에게 "얘들아! 이 생수도 세금으로 산 것이니까 하나도 남기지 말고 모두 챙겨라"라고 했다.

대사관 앞에서 직원들과 기념사진을 찍고 켄터키 치킨 가게에 가서 80달러를 내고 점심을 해결했다. 한 해에 대사관을 들르는 손님이 많을 것이다. 한국에서 국회의원이나 유명인사가 오기도 할 것이고 상대에 따라 예우를 하는 관행도 있을 것이다. 그렇다면 대학생들에게는 생수 한 병을 대접하라는 관행이라도 있는 것일까?

앞서 말했지만 대사관 운영에 예산이 부족해서 쩔쩔매는 것은 인정한다. 그러니 점심을 못 얻어먹었다고 투정을 부리고 싶진 않다. 그렇다 해도 일생에 한 번, 수많은 경쟁을 뚫고(대사관은 그들이 어떤 경로를 통해서 호주에 오게 되었는지 이미 잘 알고 있었다) 호주까지 온 장애인 대학생들에게 200달러를 쓸 수 있었다면 그 돈은 고국에서 오는 어느 고위 인사를 접대하는 것보다 훨씬 가치 있었을 것이다.

아들딸 같은 장애인 대학생들이 점심시간이 임박해서 찾아왔는데 '예산 사정이 어렵다'고 했던 그 대사는 직업 외교관이 아니라 정치학 교수 출신으로 이명박 대통령 인수위에 들어갔다가 호주 대사로 왔다고 했다. 그래서 그런지 참으로 명박스럽게 느껴졌다.

새벽에 눈 비비고 일어난 토끼는 깊은 산 속 옹달샘에 가서 물만 먹고 가지만 우리는 캔버라 한국 대사관에 가서 물만 먹고 왔다. 그런데 이런 보이지 않는 차별이 대사관에만 있는 것은 아니다. 가끔 아이들을 데리고 가족 동반 여행을 하는 식구들을 태워보면 한국 부모의 태도는 보통 외국인 부모들처럼 자연스럽지가 않고 뻣뻣했다. 해외에서 예상치 않게 한국 운전사를 만나면 반가울 만도 하건만, 오히려 경계하는 듯한 반응을 보이는 건 왜일까? 처음에는 '그 사람들의 개성이 그렇겠지.' 하고 생각도 해보았지만 그런 일을 자주 겪다 보니 개인차가 아니라 의식 문제가 아닐까 하는 쪽으로 생각이 기울었다. 한국에서 택시 기사를 대하던 태도와 마찬가지로 해외에 나와서도 무의식적으로 자연스럽게 택시 운전사를 얕잡아 보는 시선의 표출이라 짐작되었다.

전통적으로 양반, 상놈의 신분으로 나뉘어 있던 한반도 남쪽에 자본주의가 들어오면서 돈으로 계급이 뚜렷하게 나뉜 것은 어찌 보면 당연한 일일지도 모른다. 북한에도 보이지 않는 계급이 존재하지 않는가? 물론 그쪽은 양반, 상놈이나 돈에 의해서가 아니라 새로운 출신성분에 의해서다. 즉 식민지 통치 시절과 한국전에서 행한 조상의 행적에 의해 계급이 정해진 것이다. 30년대 만주에서 유격대로 활동한 조상의 후손들, 한국전에서 전사한 조상의 후예들을 포함한 고위급 관료들의 자녀들은 적잖은 특혜를 누렸다. 반대로 일본 식민통치 시절 간부, 기독교인, 한국전쟁 시 남으로 도주한 이들과 관련된 후손은 차별대우를 받았다. 그러나 1990년대부터 시장경제가 성장하기 시작하면서 고위급 출신성분 자녀들이 삶의 출셋길을 보장받지 못하는 추세가 되었다. 남과 북이 똑같이 돈이 주인 되는 세상이 되었다는 의미에서 체제의 동질성(?)이 유지되었다고 보아야 할 판이다.

그런데 남한 사람도 북한 사람도 아닌 단군 자손이 호주에서 곤란한 처지에 빠진 일이 있었다. 대한민국의 헌법은 뱃심 좋게도 실제로는 다른 나라인 북한까지 영토로, 북한 주민까지 국민으로 규정하고 있다. 대부분의 남북한 주민은 그러려니 하면서 살 수 있지만 목숨을 걸고 북한을 탈출해서 제3국으로 간 사람들에게는 이것이 보통 문제가 아니라 생명을 얽어매는 오랏줄로 작용한다.

탈북자 정 씨는 중국에서 호주로 가면 용접공으로 돈을 벌며 평화롭게 살 수 있다는 말을 듣고 위조 여권을 가지고 호주로 가는 단체 관광팀에 끼어서 왔다. 그는 시드니에 도착하자마자 관광객 일행에서 떨어져서 중국에서 들은 대로 이민국을 찾아가 안내 데스크에서 "노스 코리아!"를 연발하며 울었다. 이민국 직원들이 브리징 비자를 내주었고 용접공으로 일할 수 있었다.

그러나 2011년 11월, 정 씨의 난민보호비자 신청이 거절되었다. 호주의 연방대법원이 난민 신청자가 제3국에서 보호받을 자격이 있을 경우 호주에 잔류할 수 없다고 판결했기 때문이다. 즉 탈북자는 한국인으로 한국에서 보호받을 자격이 있으므로 난민으로 받아들일 수 없다는 것이다.

결국 정 씨는 중국에서 태어났지만 북한에서 살았다는 식으로 본의 아니게 억지스러운 거짓말을 지어내야 하는 상황에 처했다. 어찌 됐든 한국인으로 인정되는 것만은 모면해야 했기 때문이다. 정 씨 입장에서는 자신이 존재하는지 알지도 못할 한국 정부 때문에 운명이 달라질 뻔했던 셈이다.

다시 본 주제로 돌아와서 백인 사회와 우리나라의 차이를 실감하게 한 사례 하나를 더 소개하겠다. 시내의 한 호텔에서 쇼핑하러 가는 비교적 깨끗하게 생긴 젊은 한국 여성 3명을 태웠다. 백인들은 타는 순간 가볍게 인사를 하는데 이들은 서로 다툰 사람들끼리 택시를 탄 것처럼 찬바람이 불었다.

한국 사람들이기에 반가워서 내가 먼저 한국 사람임을 밝히고 말을 걸었는데도 예상외로 반응이 냉담했다. 반가워하기는커녕 웃음기 전혀 없는 찬바람이 돌았다. 무색해진 나는 도대체 무엇을 하는 사람들인지 궁금했는데 알고 보니 시드니에 도착해 다음 날 임무 교대를 위해 쉬고 있는 아시아나항공 승무원들이었다.

아마도 평소 힘든 일을 하면서 결코 웃음을 잃지 않는 승무원의 이미지에 익숙하다 보니 더 이상하게 느꼈는지도 모르겠다. 직업상 시드니에 자주 온다니 특별히 관심을 보일 일이 없기 때문이기도 했을 것이다. 그중 제일 나이가 들어 보이는 사람이 대표로 나에게 이것저것 물어보기는 했으나 썩 유쾌한 기분은 아니었다.

아무리 먹고살기 위한 직업과 일상생활의 모습이 다르다고는 해도 비행기 안의 모습과 비행기 밖에서의 모습 사이의 차이가 너무 심한 것을 보고 《감정노동》이란 책이 생각났다. 델타 항공의 승무원을 대상으로 연구해서 쓴 이 책에서 "승무원은 어떠한 상황에서든 승객을 미소로 맞이해야 한다. 승무원 자신의 감정은 중요치 않다. 승객이 이유 없이 화를 내고, 무리한 요구를 해도 절대로 불쾌감이나 공포를 내비쳐선 안 된다.

아니, 속으로 불쾌감을 느껴도 승객이 알아채서는 안 된다"고 말하고 있다. 결국 내가 만난 승무원들은 감정노동자였고 내가 만났을 당시 그들은 노동에서 해방된 상태였던 것이다.

그 승무원들을 보고 30년 전 처음으로 미국에 갈 때 할머니 승무원이 머리에 관(冠)을 쓰고 꽃을 달고 서비스하던 모습이 생각났다. 나는 양로원에서 실습을 나왔나 하고 생각했는데 기내 방송으로 이번 비행이 할머니 승무원의 마지막 비행이라고 소개했다. 우리나라라면 선임이라고 무게 잡고 앉아 있을 터인데 마지막까지 젊은 사람들과 똑같이 최선을 다하는 할머니 승무원의 모습에 존경스러움을 느꼈다. 어쩌면 그동안의 감정노동이 생활화된 것인지도 모르겠지만 아주 자연스러운 모습이었다.

백인 사회의 문제점

이렇듯 우리나라와 대조적인 서구 사회의 일면이 보이기도 하지만, 백인 사회라고 언제나 우리나라보다 좋은 면만 있는 건 아니다.

우선 앞서 언급한 교육 문제를 살펴보자. 호주 TV는 미국 방송보다는 큰집인 영국 BBC가 제작한 드라마를 많이 방영한다. 한국인의 시각으로 볼 때 드라마에서 나오는 영국 공립학교의 분위기를 보면 대체로 살벌하다. 물론 요즘은 한국도 학교에서 교권을 찾아볼 수 없고 수업이 안 될 지경이라고 하지만, 영국 공립학교의 분위기를 보면 저런 곳에서 어떻게 공부가 될까 하는 생각이 들 정도다. 실제로 한국에서 교사를 하다가 호주에서 교사가 된 사람(영어가 잘 안돼도 가능한 수학 교사였기 때문에)이 학생들의 태도 때문에 충격을 받아 정신적인 장애를 얻은 경우도 보았다. 도대체 영국 공립학교의 분위기는 왜 그렇게 거친 것일까?

집이나 옷은 물론이고 쓰는 말이나 발음에서까지 세밀하게 신분이 나뉘는 영국에서는 주로 노동자 계급의 자식들에게도 당연히 그들만의 문화가 형성되어 있다. 그들은 학교와 학교가 제공하는 지식을 거부하고 '사나이 문화'라는 하위문화를 형성하며 노동자 계급으로 재생산되고 있다. 간단하게 말하면 노동자 계급의 아이들은 교육을 통해서 신분 상승이 가능하다는 학교의 선전을 믿지 않는다. 또 이론으로 가르치는 학교의 지식은 현실에 맞지 않는다고 생각하고 교사의 권위에 반항하는 것을 과시하는 '반학교 문화'를 형성한다.

자신들이 부모를 이어서 노동자가 될 것이라고 생각하지 않으나 결국은 그렇게 되고 마는 한국과 달리 영국 학생들의 경우에는 자신이 노동 계급이 될 것을 알고 그들의 문화를 당겨서 10대 때부터 경험한다. 노동자 문화가 학교에서부터 부분적으로 실현되기 때문에 얼핏 보면 거칠어 보이는 것이다.

소위 서구 선진국들은 우리가 막연하게 '우리보다 평등하겠지.' 하고 생각하는 것처럼 평등하지가 않다. 단적인 예로 서구 선진국은 죽었다 깨어나도 노무현 같은 상고 출신이 대통령이 될 수 없는 나라다. (우리나라는 그렇게 된 게 문제라고 탄식하는 부류가 있지만.)

서구 사회는 사회가 정체되어 있어서 돈이 많이 드는 사립학교와 명문대학을 통하지 않으면(부시처럼 옆문으로 들어가더라도) 사회 지도층으로 진출할 기회가 거의 완벽하게 차단된 형편이다. 대한민국과 북한처럼 계급 사회인 것이다.

새로 침범한 땅을 개척하기 위해 죄수들로 인력 송출을 해서 시작된 호주는 이런 면에서 조금은 나은 편이라 할 수 있다. 전 수상의 5대조 할아버지가 영국에서 '말도둑이었다나' '소도둑이었다나' 하는 얘기가 나왔지만 당사자가 조금도 부끄럽게 생각하지 않고 오히려 긍지를 느낀다는 나라이니 말이다. 하지만 대부분의 서구 사회는 어려서부터 자신이 살아갈 배경이 결정되어버린다. 계급적 대물림이 몇 대를 계속되다 보면 하층민은 점점 교양과 지성이 결여된 밑바닥 인생으로 고착되어 버리고 만다.

이렇기에 서구 사회에는 말이 통하지 않아 토론도 설득도 되지 않으며 오직 자신들의 동물적 욕망과 생존을 위해서만 움직이는 부류가 상당히 많다. 즉 약간의 조건이 갖춰지면 언제든 범죄자로 돌변할 가능성이 있는 인간이 많아 보인다. 그에 비해 계급적 격차가 많이 나기는 하지만 그래도 전체적으로 인간의 질이 대강 비슷한 한국 사회는 아직 희망이 있지 않나 싶다.

우리는 부당한 일을 겪으면 "사람 차별하는 거냐?" 하고 따지는 정서가 있다. 그러나 백인 사회에서는 입으로는 "내가? 그럴 리가 있나?" 하지만 속으로는 '그럼, 너 하고 나 하고 같은 인간이란 말이냐?' 하는 정서가 깔려 있다고 봐야 실망할 일이 적어진다.

미국의 역사를 보면 아일랜드의 대기근과 1848년 유럽 혁명 이후 수백만의 아일랜드인, 독일인이 신대륙으로 향했다.

어느 정도의 재산과 기술을 가지고 건너간 독일계는 수공업자나 자영농으로 살아가면서 백인 사회에 좀 더 수월하게 적응했지만, 오랜 세월 영국의 억압을 받던, 가난한 농민 출신의 아일랜드계는 영어를 사용한다는 것 이외에는 정말로 가진 것이 없는 사람들이었다. 그래서 이들은 '하얀 흑인'으로 취급받으며 대다수가 막노동과 하녀 일 등으로 생계를 꾸려가야 했다.

그래도 아일랜드인들은 유럽인이었고, 1870년대가 지나면서 서서히 백인의 일원으로 인정받게 된다. 하지만 비슷한 시기에 신대륙에 들어온 중국인들은 그렇지 않았다. 중국인들이 본격적으로 신대륙에 오게 된 것은 캘리포니아에서 금이 발견되고 나서였다. 광산이나 철도 공사장 등 힘든 일에 종사했기 때문에 중국인은 처음에 환영을 받았다. 하지만 낮은 임금도 마다하지 않고 일을 했기 때문에 백인 노동자들이 보기에 이들은 자신들의 일자리를 빼앗아가는 사람들이었다.

이런 현상은 호주에서 똑같이 일어나서 1967년부터 백호주의에 대한 논쟁이 지속되다가 1978년에야 공식적으로 '다문화'를 국가 정책으로 채택하게 된다. 다문화multiculture라는 용어를 공식적으로 1950년에 제일 먼저 사용한 나라는 놀랍게도 인도였다. 징그럽게 크고 말이 많은 인간들로 구성된 나라를 경영하려던 영국으로서는 꼭 필요한 정책이었다. 1971년 캐나다에서 '다문화'라는 용어를 차용했는데 영어를 사용하는 구역과 불어를 사용하는 구역이 구별되어 있기 때문이었다. 그러나 호주는 캐나다와는 전혀 다른 의미로 이 용어를 사용했다.

한국 사회에서는 언제부터 '다문화'라는 말이 사용되었던가? 백인과 흑인을 막론하고 미국인들이 들어올 때는 이런 말이 없다가 동남아시아인이나 중국인들이 결혼이나 취업을 통해 들어오면서 다문화가 의제로 떠오르지 않았던가?

여러 색깔로 구성된 무지개는 아름답다. 다양한 색깔로 구성된 색종이의 조화는 환상적이다. 그러나 오랫동안 갈등과 모순의 반복 속에서 형성된 문화 간의 만남은 아름답지만은 않아서 때로는 피비린내를 부른다. 인간은 역시 죄 많은 동물인가 보다.

10
소름 끼치는 개인주의

거지도 당당하다

　　　　　　백인들은 택시를 탈 때 타고 있던 사람이 완전히 내려야만 차를 탄다. 천재지변이 일어나기 전에는 한국에서처럼 뒷자리에 탔거나 앞자리에 타고 있는 손님이 내리기 전에 빈자리로 들어가는 일은 있을 수가 없다. 신용카드로 결제하느라고 시간이 걸리거나 설령 비가 오고 있더라도 차 안에 있는 손님이 일을 모두 마치고 내릴 때까지 기다린다. 이 때문에 만일 자기가 아직 내리지 않았는데 다른 손님이 탄다면 몹시 불쾌하게 생각한다. 운전사의 입장에서는 시내의 복잡한 곳에서 앞자리에 앉은 손님이 내리기 전이라도 뒷자리에 타면 1초라도 시간을 절약할 수 있어 좋을 것 같지만, 절대로 그렇게 하지 않는다. 그런 짓을 하는 두 부류의 인종이 있는데 중국인들과 호주 원주민들이다.

 백인들은 기본적으로 자기 공간을 매우 중요하게 생각한다. 좁은 엘리베이터 안에 서 있을지라도 남의 몸이 닿는 것에 무척 신경을 쓴다. 될 수 있으면 다른 사람과 닿지 않으려고 조심한다. 조금이라도 닿았다 싶으면 "Excuse me!"가 자동으로 튀어나온다.

 서양에서 거지보다 한 단계 위에 있는 이들이 홈리스, 즉 집 없는 사람들이다. 그보다 한 단계 수준이 높은 사람들은 차에서 생활한다. 비록 헌 차이기는 해도 자기 공간을 가지고 있다는 점에서 홈리스들과 다르다. 정부가 집 없는 사람들이 쉴 수 있도록 긴급 대피처를 제공하고 있지만 그곳에 가지 않고 차 안에서 생활하는 것이다. 이유는 집단생활을 원하지 않기 때문이다. 비록 거리에서 자고 자선단체에서 주는 무료급식으로 끼니를 해결하지만 집단으로 모여 있는 것보다는 남들에게 방해받지 않고 혼자 지내는 삶이 편하다는 것이다. 우리네 생각엔 어려울수록 모여 살면 좋을 법한데 참 이상하다. 오래 전 한국에서는 다리 밑에 거지들이 집단으로 모여 공동생활을 하는 모습을 종종 볼 수 있었다.

이렇게 신체 접촉을 싫어하고 자기 공간을 철저히 지키려는 백인들의 문화는 어디에서 온 것일까? 우선 심리적으로 서로 간에 사적인 영역을 존중해준다는 의미가 있을 것이다. 한편 옛날 옛적 서로 칼 들고 난리 칠 때 여차하면 칼을 빼 들어야 했기 때문에 항상 일정한 공간이 필요한 데서 유래하지 않았겠냐는 설이 유력하다.

'관심 없음'의 미덕

지구상의 문화권에 따라 인사법도 다양하지만 지금은 백인들한테서 시작된 악수로 대충 통일이 된 것 같다. 그런데 오른손을 내미는 백인들의 인사법인 악수는 '손에 무기를 가지고 있지 않다'는 표시에서 시작되었다고 한다. 그럴듯하지 않은가?

개인주의는 '남이 무슨 일을 하든 상관하지 않는다'라는 의

미와 함께 '내 삶에 불편과 방해를 주는 행위를 용납하지 않는다'라는 또 다른 의미를 동시에 내포한다. 백인 사회의 경우 이런 원칙은 친구나 동료는 물론 가족 사이에도 존재한다. 개인주의 사회에서는 남이 무슨 짓을 하든 내게 직접적인 피해를 주지 않는 이상 관여하지 않는 것이 미덕으로 여겨지기 때문이다.

한국 같으면 같이 다니는 일행 중 하나가 공중도덕이나 상식에 어긋난 행동을 한다면 '이런 놈과 같이 다니면 쪽팔린다'고 생각해 다들 한마디씩 하겠지만 백인들은 일행이 이상한 짓거리를 해도 가만히 놓아둔다. 오히려 같이 즐기는 경우가 더 흔하다.

한번은 택시에 젊은 놈들 4명이 술에 취한 채 탔다. 그중 한 놈이 난리 블루스를 추고 있었다. 그런데 신기하게도 누구 하나 말리는 놈이 없었다. 심지어는 그놈의 여자 친구조차도 아무 관계가 없는 사람처럼 가만히 앉아 있었다. 이들 사회에서는 부부지간에 하나가 행패를 부려도 다른 편이 말리는 일이 없다. 이런 경우 운전사인 내가 "조용히 하라"고 이야기해서 안 들으면 할 수 없이 경찰을 찾아야 한다.

도대체 어떻게 된 인간들인가? 서구 사회에 우리가 상상할 수 없는 또라이가 많은 이유 중의 하나가 이처럼 주변에서 제지를 하지 않기 때문이다. 우리나라에서는 누가 좀 삐딱하게 굴면 부모나 형제 중에서 그놈의 다리몽둥이를 부서뜨려서라도 바로잡겠다는 식의 생각을 하게 마련이다.

실제로 자주 늦게 들어오는 16살 먹은 딸한테 아비가 "다리몽둥이를 분질러버리겠다"고 했다가 딸이 경찰에 신고해서 아버지가 체포되어 난리가 난 사건이 있었다. 그런가 하면 교회 전도사가 여고생을 폭행해서 큰 문제가 된 일도 있었는데, 내용을 알고 보니 여고생이 워낙 막 나가는 탓에 부모가 포기한 상태에서 학생 담당 전도사에게 "때려서라도 제발 우리 딸을 사람 좀 만들어달라"고 애걸을 했다고 한다. 교회에서 학생 지도를 책임지고 있던 전도사가 학생을 불러서 수차례 간곡하게 이야기를 해도 전혀 먹혀들지 않자 급기야 손이 올라가고 내친 김에 발도 올라간 것이다. 한국인의 문화에서는 일어날 법한 일이지만, 이런 발상은 서구인들로서는 도저히 이해할 수 없는 일이다. 이 일로 한국에서 온 지 얼마 되지 않은 순진한 전도사는 법의 심판을 받아 신세를 망쳤다.

이와 반대로 우리는 도저히 따라갈 수 없는 백인들의 문화도 있다. 백인들은 차 한 대가 겨우 비집고 들어갈 수 있는 막

다른 골목에 자기 집이 있더라도 기어이 문 앞까지 가자고 한다. 이들은 택시 기사가 깜깜한 밤길에 후진하다가 쓰레기통에 부딪히든 말든 전혀 상관하지 않는다. '나는 돈 내고 택시를 탔고 후진하는 건 택시 기사 책임이다'는 사고가 일상적이다. 이런 경우 한국 사람들은 장애인이 아니라면 대개 큰길에서 내려서 걸어 들어간다. 안 그러면 택시 운전사에게 3대까지 저주를 받을 것이기에. 그런데 백인들은 신기하게도 백이면 백, 한 사람의 예외도 없이 똑같이 행동을 한다. 택시 운전사가 돌아나가기 힘들까 염려하는 사고방식은 아예 존재하지 않는다. 캄캄한 밤에 30초 걸려서 갔던 길을 5분 이상 걸려서 온몸에 진땀을 흘리면서 후진해서 나오는 경우가 한두 번이 아니다.

택시 랭크에 있으면 매일 정기적으로 출근해서 첫 차부터 마지막 차까지 지치지도 않고 사무적인 태도로 운전사들에게 잔돈을 구걸하는 걸인들을 본다. 이럴 때 동냥을 거절하는 사람의 입장에서도 사무적으로 전혀 측은함이나 연민을 느끼지 않는다. 피차 그럴 수 있는 것은 자신뿐 아니라 다른 사람의 삶을 존중하는 개인주의적 태도가 동냥을 주고받는 관계에도 적용되기 때문이다. 기본적으로 개인의 행복은 개인이 책임

져야 한다는 사고가 작용한다. 못살고 멸시받는 것은 게으르고 무능해서지 결코 사회 탓이 아니므로 사회가 책임을 질 필요가 없다는 것이다. 자기 삶을 책임지지 못하는 사람은 별 볼일 없는 인생이라고 본다.

우리네 입장에선 다소 야박하게 느껴지지만 서구 사회가 오늘날과 같이 개방적이고 자유로운 사회를 만드는 데 이런 사고가 크게 도움이 되었을 것임이 틀림없다. 하지만 이런 문화에서는 법, 즉 공권력 이외에는 사람들의 행동을 통제하기가 사실상 불가능하다. 이 때문에 당사자끼리 얼마든지 대화로 타협해도 될 일을 경찰을 부르고 그것도 안 되면 고소까지 하게 되는 것이다.

이런 문화에서 백인을 상대하는 택시 운전사로서 가장 곤란한 상황은 사기꾼을 태울 경우다. 기본적으로 사기는 말로 치는 것이기 때문에 영어에 서툰 이민자 택시 기사로서는 본토 사기꾼의 말발을 당할 수가 없다. 돈을 안 내고 도망가는 인간이라면 쫓아가서 잡을 수나 있을 것이다. 하지만 사기꾼에게 걸리면 방법이 없다. 실제로는 도망가는 놈을 택시를 놓아두고 쫓아갈 수는 없지만 논리적으로 그렇다는 말이다.

원래 사기는 당하고 나서야 뒤늦게 깨달을 수 있다. 사기꾼이 작심하고 사기를 치려고 하더라도 손님 얘기를 무조건 못 믿겠다고 할 수는 없는 일이 아닌가? 어딘가 수상하다 싶으면 "개소리 말고 돈 내! 안 그러면 경찰서로 가자!" 이렇게 막 나가야 하는데, 교양과 인격을 겸비한 한국인 택시 기사로서 막 나갈 수도 없는 일이지 않나? 실제로 경찰서로 가봤자 심증만 가지고는 시간을 낭비할 뿐이다. 그러니 말로 사기를 당하지 않게 해달라고 매일같이 천지신명께 기도를 드리는 방법밖에 없다.

이처럼 백인들의 개인주의는 자기를 챙기는 수준을 넘어 '네가 죽든 살든 나는 모른다'는 지경까지 도달한 것 같다. 그래도 개인주의에 이런 단점만 있는 건 아니다. 긍정적인 측면도 꽤 많다.

개인주의의 긍정적 측면

동양인과 서양인은 세상을 바라보는 시각이 다르다. 백인들은 1인칭 시점으로 세상을 바라보는 반면 동양인은 3인칭 시점으로 세상을 바라본다. 백인들이 다른 사람들의 시선을 의식하지 않는 까닭은 그들은 대상에 불과하고 자신이 주인이기 때문이다. 반대로 동양인들이 다른 사람들의 시선을 의식하는 까닭은 남들의 시각에서 자신을 바라보기 때문이다.

동양인과 서양인 전체를 비교할 수는 없겠지만 오늘날 대체로 백인들이 아시아인들보다 더 잘 살 수 있게 된 이유는 제도와 법 때문이다. 동양은 수천 년간 인간개조를 통해 사회개조를 한다고 외쳐왔지만 그렇게 이룬 사회가 서양의 식민지 개척 시대에 무력하게 무너지는 경험을 했다. 이렇듯 인간개조가 된다고 사회개조가 되는 것이 아니다. 서양은 그리스 로마 시절부터 이 점을 통찰함으로써 제도와 법을 개선하고 이를 통해 사람들을 변화시켰다.

국가는 법과 제도의 정교한 디자인으로 처벌과 감시를 발전시켰고, 개인은 이에 맞춰 자신의 행동을 바꾸어가야 했다. 일본과 싱가포르 등 성공한 아시아 국가들은 다른 나라들보다 앞서 서양의 사회개조술을 배웠기에 금메달은 못 따도 은메달을 목에 걸 수가 있었던 것이다.

예를 들어 한번 설명해보자. 아시아인들은 도로에 신호체계와 교통법규라는 시스템을 만들지 않더라도 사람이 마음을 다스려 스스로 양심적으로 행동하면 4차선 도로라도 교통사고가 나지 않는다는 입장이었다. 반면 서양인들은 인간의 양심 이런 것을 믿기보다는 정교한 신호체계와 교통법규를 만들고 사람들로 하여금 이를 지키게 했다. 거칠게 보면 그렇다는 얘기다.

물론 개인의 노력을 간과할 수는 없다. 영국에서 살기가 힘들어서 거친 땅을 찾아와야 했던 초기 이주민들이 오늘날과 같은 호주를 만들기 위해 손톱이 빠지도록 노력했다는 점을 인정해야 할 것이다.

시내에서 운전하다 보면 주요 모퉁이마다 자리를 펴고 앉아 조그만 깡통을 앞에 놓고 상자 쪼가리에 자그마한 글씨로 빼곡히 사연을 적어놓고 기부금을 모금하는 사람들을 볼 수가 있다. 그들의 표정은 비굴하지 않을뿐더러 일부러 동정심을 유발하려는 의도 또한 찾아보기 어렵다. 하지만 자신이 이렇게 하지 않으면 살 수 없음을 눈빛으로 분명히 전하고 있다. 그래서인지 가끔 걸인 앞에 죽치고 앉아서 진지하게 대화를 나누고 있는 젊은이들을 볼 수가 있다.

호주의 거지는 사람들에게 끊임없이 동냥을 요구하지만 거절당한다 해도 조금도 신경 쓰지 않을 정도로 신사적(?)이다.

한국 전철에서 구걸하는 이들을 외면할 때처럼 '양심의 가려움'을 느끼지 않아도 되니 웃으며 거절해도 된다.

호주의 거지들한테서는 절박함을 느낄 수 없다. 왜 그럴까? 아무리 거지라도 실업자 수당을 탈 수 있기 때문인지도 모른다. 다시 말해 여유가 있는(?) 거지들이라서 그럴지도 모른다.

거지와 그보다 한 단계 위에 있는 홈리스들. 비록 집이 없어 거리에서 자고 자선단체에서 주는 무료급식으로 끼니를 해결하지만, 이들은 궁상맞거나 처량해 보이지 않고 당당하다. 구걸해도 상대방을 난처하게 하지 않고 설사 거절을 당해도 조금도 위축되지 않는다.

귀여운 양심수

호주에서 택시 운전사로 수많은 일을 경험하면서 늘상 과연 개인주의의 끝은 어디일까 하는 질문을 가지고 있다가 일말의 실마리를 풀 수 있는 사건이 있었다.

남루한 옷을 입고 삐쩍 마르기는 했지만 깔끔해 보이는 청년 하나가 택시를 탔다. 척 보기에 표정이 밝은 것이 나쁜 사람 같지는 않은데 꽤 까다로워 보였다. 평범한 인상은 아니어서 어디를 가느냐고 물었다. 그는 무슨 법률 세미나에 가는데 자기가 양심수 출신이란다. " 양심수? 호주에 무슨 양심수가 있죠?" 하고 물었다. 그랬더니 바로 대답하지 않고 자기가 양심수로 6개월 복역하고 나온 지 얼마 되지 않았단다. '6개월짜리 양심수라니? 이건 또 뭐야?' 하는 생각에 의아해서 꼬치꼬치 물었더니 매우 자랑스럽게 설명을 해주었다.

유료 도로의 무인 톨게이트에 태그Tag를 사용하면 언제 그 도로를 이용했는지 기록이 남기 때문에 자기는 개인 정보 노출로 사생활이 침해받는 것을 반대해서 돈을 내지 않는다고 했다. 그의 주장은 '돈을 받고 싶으면 기록에 남지 않게 현금을 받아라'는 것이었다. 그래서 무인 톨게이트를 없애는 운동을 한 죄로 6개월을 복역하고 나왔기에 앞으로 평생 돈을 안 내고 다닐 수 있게 됐다고 했다. 그러니까 자기는 호주 총리도 건널 때마다 3달러씩 내야 하는 세계적으로 유명한 하버 브리지를 공짜로 건너는 사람이라는 것이다.

그는 지금 통행료를 내지 않는 방법을 알려주는 세미나에 간다고 했다. 그런데 재미있는 것은 그 세미나는 유료란다. 이상하게 보이는 양심수 젊은이의 주장은 전혀 이상하지 않왔다.

　현대사회는 의료보험 기록으로 건강 상태를 파악할 수 있고, 세금 명세로 수입을 알 수 있다. 은행의 거래 내역으로 자산 및 금전 출납을 확인할 수 있는가 하면 신용카드 사용 내역으로 어디다 돈을 얼마나 쓰는지까지 파악할 수 있다. 휴대전화 통화 내역으로 인간관계를 캐낼 수 있는가 하면 하이패스 사용 내역으로 이동 경로가 고스란히 드러난다. 한마디로 나에 관한 모든 정보가 입수 가능한 빅데이터 시대다.

　현대인은 권력이 마음만 먹으면 개인의 일거수일투족을 파악할 수 있는 시스템 안에서 살고 있다. 그러므로 개인 정보를 함부로 빼돌리면 처벌을 받게끔 법적, 제도적으로 엄격하게 규정되어 있다. 그러나 지금이 어떤 시대인가? 모든 것이 스마트폰으로 통하는 디지털 시대가 아닌가? 우리가 숨 쉬듯 이용하는 인터넷과 모바일 환경을 통하여 기업들이 마음만 먹으면 사용자의 생각과 감정까지 엿볼 수 있게 된 시대가 아닌가?

　비록 십수 년 전의 이야기이기는 해도 톨게이트 이용 정보가 공개되는 것에 반대하기 위하여 징역까지 산 귀여운 젊은 양심수의 뜻이 갸륵한 것만은 분명하다. 그 괴상한 양심수를 내려놓고 돌아오는 길에 '저렇게 튀는 놈들까지 관리하자니

민주주의 하기가 정말 힘들겠구나!' 하는 생각이 들었다. 그래도 다양성이 필수적인 것이 바로 민주주의 아니겠는가?

11
하늘을 찌르는 백인들의 무식

정치적 무관심

　　　　　마이클 무어가 미국인의 무식을 폭로하는 책을 썼다. 한 예로 '아프리카'를 나라 이름으로 알고 있는 미국인들이 많을 정도로 무식이 무인지경無人之境이란다. 그런데 이에 질세라 10여 년 전 호주 신문에 이런 이야기가 실렸다.

　　호주 뉴사우스웨일스 주 중부해안(센트럴 코스트)의 매너링

파크에 사는 한 쌍의 남녀가 지난 4월 어느 날 쇼핑에 나서 싸구려 제품을 파는 모리셋 메가마트에 들렀다가 보지 못하던 깃발 하나를 집어 들었다. 대런 맥케이(30)라는 남자와 그의 약혼녀 제니 던콤(27)은 깃발의 알록달록한 색상을 아들이 좋아하는 것을 보고 자기 집 앞에 있는 게양대에 달기로 마음먹고 10달러를 주고 샀다. 새로 산 깃발을 달아놓고 흡족해하던 두 사람은 이웃 주민 한 사람이 와서 항의하며 깃발을 내리지 않으면 가만두지 않겠다는 등 협박조의 언사를 쓰자 분기탱천하여 무슨 일이 있어도 깃발을 내리지 않겠노라며, 자기가 원하는 깃발을 내걸 수 있는 권리를 주장했다. 그들이 집 앞에 게양한 문제의 깃발은 독일 나치의 하켄크로이츠였으나 이를 모르고 있었던 것.

사건이 호주의 한 신문에 기사화되어 세상에 알려지자 지역 주민은 물론 재향군인회, 유대인 단체 및 연방 정치인들까지 아우성을 쳤지만 대런과 제니 커플은 사람들이 왜 그러는지 영문을 몰랐다.

결국 기자가 그 깃발이 나치를 상징하며 독일이 폴란드를 침공하여 제2차 세계대전이 발발하고 4만 명의 호주인을 포함해 3500만 명 이상이 사망했다는 사실을 자세히 알려주었다. 대런은 "나는 역사과목을 7~8학년(중1~2년) 때밖에 못 배웠으며 그런 사실에 대해 전혀 모른다. 호주엔 아무런 피해가 없었던 줄 알았다"고 말했다. 약혼녀 제니 역시 그때까지 나치 독일의 의미가 무엇인지 몰랐다고 말한 것으로 전해졌다.

그는 이러한 깃발을 게양하는 행위가 사람들의 감정을 상하게 하는 일인 줄 알았다면 하지 않았을 것이지만, 자기가 모르고 한 일을 가지고 사람들이 자기 약혼녀와 아들을 위협했다며 그런 왕따를 참을 수 없다는 태도를 보였다.

역사나 정치에는 무관심하면서도 민주주의 나라랍시고 제 권리에 대한 주장만은 철저하다. 이런 국민이 많다 보니 호주가 투표를 강제로 하는 이유를 알 만도 하다.

사실 돈이 아까우면 투표해야 하는 이 나라—호주는 투표 안 하면 벌금을 물어야 하는 비민주국가(?)다—에서 이민자들은 선거 때마다 호주 정치를 잘 알지도 못하는 처지에 후보자를 골라내야 한다는 심리적 부담(?)을 질 수밖에 없다.

그렇다고 해서 호주의 투표는 한국처럼 정치에 대해 전혀 몰라도 인상착의를 보고 대강 한 사람만 쿡 찍고 나오면 되는 간단한 방식이 아니다. 사진은 없고 웬 인간들이 이름만 떼거리로 나열되어 있으니 누가 누군지 도무지 알 수가 없는 판이다. 물정 모르는 이민자들로서는 과연 누굴 찍어야 할지 투표장에서 연필을 든 순간까지도 '내 마음 나도 몰라'인 셈이다. 결국 순위도 무시하고 대강 찍고는 자기가 선택한 사람이 됐는지 안 됐는지도 모르는 일이 비일비재하다. 상황이 이런지라 이민자들의 표 중에 무효표가 많이 나오는 건 물어보나 마나다. 그런데 나가 호주 선거에 대해 진지하게 생각하게 해준 계기가 생겼다.

한번은 멜버른에 사는 큰아들이 왔는데 시내에 투표하러 가야 한다고 했다. "뜬금없이 무슨 선거냐?" 하고 물었더니 빅토리아주의회(시드니는 뉴사우스웨일스 주) 선거가 있어 부재자 투표를 해야 한다는 것이다.

투표하고 돌아온 아들에게 어느 당을 찍었느냐고 물었더니 보수적인 자유당을 찍었단다. 이민자들은 보통 노동당을 지지하는 법인데 조금 의외라서 왜 자유당을 찍었느냐고 물었다. 아들이 답한 이유가 복잡했다. 그전에는 생각 없이 자신이 이민자로서 사회적 소수자라고 생각되어 노동당을 지지했는데 자신의 입장에서 깊이 생각해보니 자유당을 지지해야 하겠더라는 것이다.

호주에선 한국처럼 교수들의 월급이 똑같은데 미국처럼 전공별로 교수 월급이 달라야 한다고 생각하기 때문에 자유당을 찍었다고 하는 경제학 전공자다운 얘기였다. 그래서 내가 "자유당이 교수 월급을 전공별로 차등화하겠다는 정책을 발표한 적이 있느냐?"고 물었더니 아직 그런 공약을 한 적은 없다고 했다. 그래서 다시 "그런데 무엇 때문에 자유당을 지지한다는 거냐?"고 물었더니 정책적 기초로 볼 때 그렇게 바뀔 가능성이 없는 노동당보다는 바뀔 가능성이 조금이라도 있기 때문에 자유당을 지지했다는 것이었다.

아들의 얘기로는 유권자로서 희미하게나마 무엇이 나의 유익과 관련이 있나 하는 것으로 정당의 지지를 결정하는 편이 맞는다는 것이다. 골수 노동당 지지자인 나로서는 한 지붕 밑에 배신자(?)가 나타났다는 사실에 뜨악했으나 투표는 자신의 이익에 따라 해야 한다는 분명한 원칙은 새겨볼 만했다.

한편으론 자신들에게 손해가 가는 쪽으로 계속해서 투표를 해대는, 고국에 계신 무지한 동포들이 매우 염려스럽단 생각이 들었다. (독일 사람들이 히틀러 믿다가 지옥문 앞까지 간 이유가 무엇이겠나? 《나의 투쟁》을 제대로 안 읽은 탓에 그의 '똘기'를 몰랐기 때문일 것이다.)

호주에는 해마다 5만 명 이상의 한국 젊은이들이 워킹홀리데이 비자로 온다. 2014년도 상반기 입국자가 3만 명이었다. 한국에 살지 않아도 이렇게 많은 젊은이를 만날 수 있는데 안타깝게도 대부분 세상이 어떻게 돌아가는지 관심이 없다. 우리 집에 하숙을 했던 멀쩡하게 생긴 녀석이 선거포스터의 인물을 보고 인상 좋은 사람을 찍는다고 하는 탓에 밥을 먹다가 숟가락을 내던질 뻔했다.

나는 15년 동안 시드니에서 택시 운전을 했지만 이곳의 택시 업계가 어떻게 돌아가는지에 관해서는 전혀 모른다. 하루하루 나가서 일하고 운전대를 놓으면 끝이기 때문이다. 재벌 기업에서 운영하는 공장의 생산라인에서 단순 조립을 하는 생산직 직원이 회사 속사정에 대하여 모를 수 있듯이 나도 그렇다. 내 관심은 어떻게 하면 손님을 잘 태워서 그날 수입을 조금이라도 더 올릴 수 있을까 하는 것뿐이기 때문이다. 하지만 한국의 젊은이들이 나라가 어떻게 돌아가는지에 대해 관심이 없다는 건 참으로 불행한 일이다.

아들 녀석은 호주의 선거 시스템에 따라 자신에게 이익을 줄 정당이 어딘지를 고민하게 된 경우이지만 다른 호주 사람들이 이렇게 정치에 관심을 가지지는 않는다. 10년 동안 택시에서 정치 이야기를 하는 사람을 단 한 명도 보지 못했다. 국내정세는커녕 세계정세에 관해 이야기하는 것도 들어본 적이 없다. 딱 한 번 점잖은 부부가 타서 정치 이야기를 하기에 수상하다 싶었는데 내릴 때 보니까 한때 야당 당수였고 현재의 총리인 '말콤 턴불'이었다. (그는 2015년 9월에 토니 애벗 전 총리를 물리치고 당선되었다.) 이 나라는 정말 정치인이 아니면 정치 이야기를 안 하나 보다.

그도 그럴 것이 의원내각제가 정착된 호주에서는 중산층 이상이 사는 지역은 만년 자유당이, 서민층이 사는 지역은 만년 노동당이 집권하기 때문에 변수가 일어날 수 있는 몇몇 지역에 의해 판세가 결정된다. 대강 예상하는 대로 되기 때문에 출마한 당사자들에게는 생사가 걸린 문제인지 모르겠지만 '너 죽고 나 살자' 식의 한국 정치판에 비해서 보는 사람으로서는 재미가 훨씬 덜한 편이다.

2002년 12월 19일 밤 10시쯤 운전 중에 BBC 방송 뉴스에서 한국의 대통령 선거 결과 노무현 후보가 당선되었다는 간략한 뉴스가 흘러나왔다. 가슴 밑바닥에서부터 '욱' 하고 무엇인가가 치밀어 오르더니 다음 순간 눈물이 핑 돌았다. 눈물이 어른거려 운전할 수가 없어서 손님에게 잠깐 양해를 구하고 차를 세웠다. 안경을 낀 상태라 달리면서 눈물을 닦을 수가 없었기 때문이었다. 중년 남자 손님이 놀라서 근심스럽게 "왜 그러세요?" 하고 물었다. "한국에서 제가 지지하는 사람이 대통령에 당선되어 기뻐서 그럽니다." 했더니 "그 사람이 친구입니까?" 하고 묻는다. 아니라고 답했더니 도무지 이해가 되지 않는 모양이었다.

미친놈으로 생각하고 불안해할까 봐 나는 신통치 않은 영어로 주섬주섬 설명을 해주어야 했다. 한국에 대한 이야기를 하는 것보다는 개인 이야기를 하는 편이 좋을 것 같다는 생각이 들었다. 민주화운동이라고 해봐야 못 알아들을 것 같아 내가 한국에서 정치를 했는데 청춘을 바쳐 온갖 고생을 했지만 아무것도 얻지 못하고 이민을 왔다고 설명하면서 내가 못 얻은 것을 노무현이 모두 이룬 것 같다고 들려주었다.

그래도 그 사람은 이해하지 못하는 것 같았다. 나중에는 할 수 없이 "운전 중에 울어서 미안합니다. 그만하시죠." 하고 말았다. 아마도 그 중년의 남자 손님은 집으로 돌아가서 "오늘 정말 미친놈을 봤어. 자기가 좋아하는 사람이 대통령 됐다고 울더라고!" 할 것이다. 그러나 몇 년 후 나는 노무현 때문에 다시 눈물을 흘려야 했다. 기쁨의 눈물이 아니라 분노의 눈물을.

호주 같은 싱거운 나라의 백성이 자기가 바라던 이가 대통령이 되었다고 눈물을 흘리는 감격을 어찌 이해할 수 있겠는가?

체면과 명예심

백인들이 인류 역사 속에서 저지른 범죄들, 특히 흑인들에게 지은 죄를 생각해볼 때, 하나님이 정말 정의롭다면(사실 나는 하나님은 정의롭지 않고 인간을 정의롭게 살게 하실 뿐이라 생각한다) 아무리 잘 봐주어도 백인들은 천벌을 받고, 그것으로 충분치 않으니 받은 벌의 반쯤을 덤으로 더 받아야 할 것 같다.

물론 내가 어떻게 생각하든 백인들은 앞으로도 떵떵거리며 잘살 것이고 흑인들을 볼 때마다 그들이 잘사는 세상이 오면 좋겠다는 생각을 하지만 영영 그런 세상은 오지 않을 것만 같다.

도대체 이토록 무지막지한 백인들이 어째서 대세가 된 걸까? 아무리 생각해봐도 백인들보다는 한국 사람들이 더 나은 것 같은데 말이다. 이런 말을 하면 집사람은 나보고 한국 사람에 대해 객관적이지 못한 환상을 가지고 있다고 냉정하게 비판한다. 그러나 그건 백인들에게 직접 당해보지 않았기 때문에 할 수 있는 소리라고 생각한다.

예를 들어 내가 미터기 누르는 걸 깜박했다고 하자. 목적지에 도착해서야 실수를 깨닫고 거리로 볼 때 요금이 대강 얼마쯤 나올 것 같다고 이야기한다면 손님들의 반응은 나라별로 제각각이다. 한국 사람 같으면 운전사가 제시하는 금액이나 손님이 예상하는 금액이 얼추 비슷하면 그냥 낼 것이고 다르면 협상을 하려 할 것이다. 하지만 호주에서는 대부분이 '네 실수니까 내가 알 바 아니다.' 하고는 제멋대로 깎아서 돈을 내고 만다. 상대가 백인이고 여자라면 99퍼센트 그런 식이다. 회사 돈으로 낸다면 좀 다르겠지만.

이렇게 돼먹지 못한 백인들이 오늘날 이토록 잘사는 이유는 무엇인가? 도대체 어떻게 해서 백인들은 살기 좋고 동양인들이 부러워하는 사회를 건설할 수 있었을까?

현대 서구 백인 사회가 이뤄지게 된 구조적 바탕은 당연히 그리스 문명으로부터 따져봐야겠지만 거기부터 얘기하기에는 너무 머니까, 중세기 정도까지만 거슬러 올라가 보자.

우중충한 중세기 사람들은 오늘의 우리와 비교한다면 지

식으로나 행동으로나 매우 제한된 삶을 살았다. 그들에게 삶의 궁극적 이유는 오로지 천국과 신이었다. 그런데 이렇게 무지몽매하던 사람들이 계몽주의 시대를 거쳐서 기독교와 왕정 및 귀족주의를 극복하면서 시민사회로 발전해나갔다. 역사적 배경이야 각기 다르지만 현재 아시아와 아프리카 등지의 많은 나라가 뒤늦게 출발했지만 열심히 따라가려는 것도 바로 이런 코스라 하겠다.

달리 표현하자면, 일찍이 무지를 깨달았기에 서구 사회 발전 과정에 필수적이었던 법과 규율, 그리고 개인주의에 바탕을 둔 이성을 중심으로 사회를 재편할 수 있었다는 얘기다. 이것들은 서구 사회 발전을 위한 매우 유용한 도구들이었으나 다른 한편으론 대책 없는 문제들을 유발하는 원인이 되기도 했다.

기독교가 떠받치고 있던 윤리적 틀이 와장창 무너지자 신이 내린 법이라는 의미는 사라지고 말았다. 대신 세속의 강제적 준칙Rule이 그 자리를 차지했다. 즉 신의 섭리로 설명되던 것이 인간의 이성으로 설명되기 시작한 것이다. 이와 같은 사고의 변화로 결국 개인과 사회에 대한 종교의 영향력이 약화될 수밖에 없었는데 이러한 현상을 사회학자들은 세속화

secularization라고 부른다.

다시 말해서 전에는 신이 무서워 알아서 기던 사람들이 하늘에서 모든 걸 지켜보는 신이 사라지자 '제11계명'만 잘 지키면 아무런 문제가 없게 된 것이다. 즉 십계명을 몽땅 다 어겨도 "들키지 말라!"는 11계명만 잘 지키면—걸리지만 않는다면—만수무강에 전혀 지장이 없게 된 것이다. 남의 눈이 없을 때, 종교를 가지지 않은 개인에게 있어서 행동의 기준은 오직 자신의 양심뿐이다.

가끔 운전하다가 손님들(99% 백인)과 싸울 일이 생긴다. 내가 잘못해서 싸움이 일어나는 일은 거의 없고 대개 짐승 같은 백인들에 의해서 시비가 붙는다. 한국에서는 길거리에서 싸움을 벌이는 양쪽 편이 서로 양심적이라고 박박 우기는 경우를 볼 수 있다. 싸움할 때 "당신, 양심 있어?" 하고 대들면 좀 찔끔하게 되어 있다. 양심상 떳떳하다고 우기는 경우도 있겠지만. 그런 경우는 되레 상대방이 "너야말로 양심을 똑바로 써라!" 하는 식으로 공격할 것이다.

나 또한 피 끓는 한국인인지라 부당하게 시비를 거는 손'놈'들한테 '당신, 양심 있어!' 하고 말해주고 싶지만 내 짧은 영어 실력으로는 상대방을 찔끔하게 하는 표현이 불가능하므로 최대한 경멸스럽게 째려보며 인상만 쓴다.

　한국인 중에도 태어날 때부터 양심이 없이 태어난 인간이나, 양심에 구멍 난 사람, 털이 난 사람, 양심 제거 수술을 받은 사람 등등이 있긴 해도, 그나마 '양심'을 들먹이면 통하는 게 있는 편이다. 하지만 서양인에게 '양심' 운운하면 "그게 뭔데? 먹는 거임?" 할 것이다. 이건 서양인들에게 양심이 없다는 얘기가 아니라 그들에겐 우리네 한국인처럼 두루뭉술하게 통하는 '양심'이라는 개념이 없다는 의미다.

　칸트는 '인간의 내면에 흐르는 도덕률'을 얘기했지만 그건 교과서에나 나오는 이야기다. 서구 사회에서 쓰이는 말 가운데 가장 비슷한 것을 고른다면 '명예심'이라는 말로 대체 가능하다고 할 수 있겠다. 이때 '명예심'은 '이름을 널리 알린다'는 의미가 아니라 자기 자신에게 보이는 자존심 같은 의미를 담고 있다.

　우리 한국인들을 죽고 살게 하는 '체면'이라는 것과 '명예심'은 얼추 비슷하면서도 결정적인 차이가 있다. 체면이 '남에 의해 규정되는 자기 자신'이라면 명예심은 '스스로의 양심에 의해 규정되는 나 자신'에 가깝다는 점이다. 이런 명예심은 모든 사람에게 해당될 수 없다는 점에서 한계가 있다. 즉 명예심은 어떤 존재가 그에 합당한 명예를 가지고 있을 때만 유효한 것이다.

건전한 백인은 대부분 이성과 명예심, 합리성 및 감정조절의 능력을 어느 정도 체득하고 있다. 그러나 이런 종류의 사고는 하루아침에 만들어지지 않는다. 책을 통해 간단히 배울 수 있는 것도 아니다. 어릴 때부터 가정과 사회에서 천천히 체득하지 않으면 안 되는 것이다. 따라서 백인들이 내세우는 일반 윤리는 제대로 된 가정환경이나 올바른 학교 교육 등의 조건이 충족된 경우에만 유효하다.

어떤 이유에서든지 앞서 얘기한 조건들이 충족되지 못한 경우에는 체면을 중히 여기는 동양인보다 훨씬 쉽게 무질서에 빠지고 수습 불가능한 상황이 된다. '거지도 영어를 쓰는' 사회에 홈리스가 많은 이유를 여기서 찾을 수도 있을 것이다. 그런데 더욱 나쁜 현상은 극도로 발달한 개인주의 덕분에 그 사람의 삶에 대해 외부에서 개입하는 것조차 불가능하다고 여기는 일이다.

옛날 옛적 호랑이가 양담배 피우던 시절에 '대~한민국!'이라는 나라에서 창녀가 강간당했다고 고소하자 "법은 보호할 의무가 있는 정조만 보호한다"는 기막힌 판결을 내린 판사가 있었다. 이와 마찬가지로 서구 백인 사회에서는 '명예는 지킬 만한 명예가 있는 자에게만 해당한다'는 원칙이 관습법처럼 존재한다.

다시 말해 백인들이 그토록 중요하게 생각하는 덕목인 '명예심'은 그것을 지킬 만한 명예가 없는 사람과는 전혀 관계없는 일이 되고 만다. 백인 사회에 동양인들보다 '짐승 수준만 되어도 좋을 사람'이 상대적으로 많다고 느껴지는 이유를 바로 여기서 찾을 수 있지 않을까 싶다.

지킬 것이 없기 때문에 남의 눈치를 전혀 볼 필요가 없는 '자유인(?)'이 동양인들보다는 훨씬 많은 것이다.

12
백인들의 공격성과 해결 능력

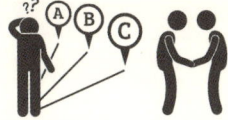

'가오' vs. '전문성'

둘째 아들이 호주에 온 지 10년 만에 한국으로 나가서 수년간 영화판에서 일하다 돌아왔을 때였다. "한국에 살아 보니 무엇이 제일 어렵더냐?"고 물으니 한마디로 "가오요"라고 했다.

나는 무슨 소린지 단번에 알아들을 수 있었다. 한국인들은 대체로 객관성이 부족한데 남에게 보이는 것에 대해서는 무섭게 변해버린다. 즉 남의 눈에 어떻게 보이느냐가 매우 중요한 것이다.

한국 영화판의 가장 심각한 문제 역시 다른 분야와 마찬가지로 '가오'라는 얘기였다. 영화 산업의 속성상 여러 기술을 가진 팀들이 모여서 이뤄지므로 각 팀의 협조를 구해야 하는 조연출의 입장에서는 저마다 '가오'를 내세우는 것이 가장 힘들더라는 것이다.

예를 들어 어떤 내용을 전달하면 "감독이 직접 와서 이야기할 것이지 감히 조연출이 이래라저래라 해?" 하는 식이란다. '가오'가 안 서면 해야 할 일도 안 하고, '가오'가 서면 안 해도 될 일도 해준단다. 기술과 실력으로 말하기보다 '가오'에 승부를 거는 것이다.

우리 동양 사회는 서양 사회와 비교할 수 없을 정도로 '권위'를 중요시한다. 이것이 질서를 잡는 데 한몫하기도 하지만 때로는 사람을 잡기도 한다. 서구 사회에는 권위 대신 전문 직업의식professionalism이 있다. 한국에서는 자격증을 따도 써먹을 곳이 없는 경우가 많지만 호주에서는 어떤 자격증이든 따면 바로 돈이 된다. 즉 모든 직업에는 전문성이 필요하고 전문성이 인정받는 사회라는 말이 되겠다.

아쉽게도 한국 사회는 전문성과 권위가 짬뽕이 되어 사용되는 경우도 있고 전문성과 상관없이 권위를 훨씬 중요하게 여기는 경우도 많다. 이럴 때는 권위라기보다는 속어인 '가오'라고 해야 맛이 살아난다. '가오'란 일본말로 얼굴이란 뜻인데 한국에서 (권위보다는) 체면에 가까운 의미로 정착한 듯하다.

옛날에 다방에 가면 으레 '가오' 마담이 있었다. 연륜이 있고 얼굴 반반한 중년 여성을 내세워 아가씨들을 관리하고 손님을 상대하게 하는 것이었다. 이런 쓰임새를 보면 한국에서 쓰이는 '가오'란 말은 권위도 얼굴도 체면도 아닌 그냥 '가오' 같다. 체면이 지켜져야 하는 수동적인 의미라면 '가오'는 내세워야 하는 능동적인 것이다. 한편 체면이 사회적이라면 '가오'는 지극히 개인적이다. 스스로 점수를 매겨 '나는 이만큼 대접을 받아야 한다'고 생각하는 것이 바로 '가오'다. 철저히 스스로 느끼는 것이기 때문에 다른 사람은 그 기준이 뭔지 알 도리가 없다. 예를 들어 그럴 만한 처지가 안 되는 인간이 내 앞에서 담배를 피웠다거나 인사를 안 하고 지나갔다는 등의 일이 바로 자신의 '가오'에 손상을 줄 수 있는 대단한 사건들(?)인 것이다.

도대체 기준이 없으니 어떻게 맞출 수가 있겠나? 상대방이 무엇에 얼마만큼의 '가오'를 느끼는지 알아야 그에 맞춰 대접해줄 것이 아닌가? 우리나라 사람들이 눈치가 발달한 것도 이런 연유다. 오죽하면 '절간에 가서도 눈치가 있어야 새우젓국 얻어먹는다'는 속담이 있을까? 상식적으로 절에 새우젓이 있을 리 없지만 눈치가 있으면 안 될 일도 되고 눈치가 없으면 될 일도 안 된다는 말이다.

정작 일본에서는 '가오'가 어떻게 사용되는지 모르겠지만 한국 사회에서는 '가오'처럼 중요한 것도 없다. 한국 사회의 모호한 '가오'와 서구 사회의 객관적인 전문성에 근거한 '권위'는 도저히 비교할 수가 없다. 전문성을 기준으로 설계된 사회와 '가오'를 기준으로 설계된 사회의 차이는 얼마나 클까? 그것은 삼일운동 때 측량을 시작하고 1932년에 완공되어 지금도 건재한 시드니의 하버 브리지와 1970년대 건설되어 1980년대 무너진 성수대교만큼이나 크다고 생각한다.

눈치 vs. 감정 분출

한국인의 생활에서는 눈치가 매우 큰 비중을 차지한다. 눈치, 달리 말해 '체면'을 차리는 건 우리나라 사람들이 살고 죽는 문제가 아닐 수 없다. 노처녀나 백수가 명절에 괴로워하는 이유가 무엇인지 경험으로 알지 않나?

우리나라에서는 마약이나 범죄 같은 적극적인 사회적 일탈만이 아니라 공부를 안 하거나 남들처럼 번듯한 직장에 취직하지 않는 것 같은 소극적인 일탈의 경우에도 주변에서 태클이 심하게 걸린다. 반면 그렇게 태클을 하면서도 매일 술 마시고 놀고먹고 룸펜생활을 해도 집에서 내쫓는 경우는 없다. 심지어 서른이나 마흔이 넘어서도 술 먹고 사람들한테 주사 부리고 떼쓰는 사람마저 용인해준다.

백인들 사회에서는 지나가는 장애인은 감싸줘도 집안의 술주정뱅이는 감싸주지 않는다. 백인 사회에서는 가족이라도 문제 있는 사람들을 보듬어주지 않는다. 그건 어디까지나 본인의 문제이기 때문이다. 자립할 때가 되는 스무 살 전후까지 자신을 추스를 수 없다면 백인 사회에서는 이미 패배자, 즉 루저loser로 낙인찍혀 아무도 가까이하지 않는다.

앞서 얘기한 바 있지만 호주에 처음 왔을 때 이 사회의 질서정연함과 잘 잡힌 체계가 기독교의 영향력 때문인 줄로 알았다. 그러나 다년간 택시 운전을 하며 전혀 그렇지 않다는 것을 발견하게 되었다. 아시다시피 택시 기사는 온갖 종자들을 다 태우고 다니는 직업 아닌가? 비록 영어가 짧아 다 알아들을 수는 없어도 나보다 다양하게 백인들을 접해본 사람이 있으면 나와 보라고 말하고 싶다.

말끝마다 'fucking'이 붙는 거칠고 무식한 인간들을 태울 때가 있다. 이런 인간들을 만나면 영어를 못하는 게 아니라 영어를 잘하지만 기분이 나빠서 말을 안 하는 사람처럼 어금니 꽉 깨물고 인상 팍팍 써가면서 목에 힘을 주고 목소리를 내리까는 연기를 해야 한다. 물론 폼은 그렇게 잡지만 속으로는 초긴장 상태다. 왜냐하면 그 인간들이 하는 말을 한마디라도 못 알아들었다가는 태도가 돌변해 영어 못하는 것을 트집 잡아 시비를 걸기 때문이다. 교양과 내숭을 겸비한 백인들은 운전사가 영어를 좀 못하더라도 '이민자니까 그렇겠지.' 하고 넘어가주지만 무식한 백인들은 이민자보다 영어 좀 잘하는 것 하나로 위세를 떨기 때문이다. 참 더럽다!

백인 양아치의 공통적 특징은 택시에 오르자마자 라디오 다이얼을 만지작거린다는 것이다. 교양 있는 일반인들은 라디오를 틀어도 되느냐고 묻는 반면 양아치는 묻지 않고 멋대로 다이얼을 돌린다. 신호등에서 기다리는 옆에 있는 차들이 놀라서 다 쳐다볼 정도로 볼륨을 최대로 트는 인간들도 흔하다.

호주에서 백인 젊은 녀석들이 모이면 나같이 점잖은 한국 양반은 불안함을 느끼지 않을 수가 없다. 분위기가 너무 거칠어서 언제 사고를 칠지 알 수 없는 양아치들을 보는 것 같기 때문이다. 백인들은 개인으로 있을 때는 얌전하다가도 집단이 되면 달라지는 경향이 있다. 한국에서 멀쩡하던 사람이 개구리복만 걸치면 돌변하는 것과 같은 현상이라고나 할까? 축구 경기장에서 훌리건의 난동이 자주 벌어지는 것도 그런 이유다.

연말연시가 되면 시드니의 손바닥만 한 도심을 중심으로 짧은 거리만 이동하는 손님을 수없이 태워야 한다. 들떠있는 젊은이들이 거리로 쏟아져 나오기 때문이다. 그들은 지치지 않고 "Happy New Year!"를 외쳐댄다. 신호를 기다리는 차에다 대고 "Happy New Year!"를 외치는 마당이니 그 분위기를 짐작할 만할 것이다. 그런데 이런 집단적 흥분 상태는 점잖은 동양인으로서는 불안함을 느낄 정도다. 좋은 일이 있을 때도 이런 느낌이니 나쁜 일이 있을 때는 어떻겠나?

실제로 2005년도 시드니 남부 크로눌라 해변에서 시민들을 불안에 떨게 한 대규모 폭력 사태가 발생했다. 자원봉사를 하는 해상구조요원이 주변을 시끄럽게 하면서 족구를 하던 중동계 청년들에게 "너희 동네에 가서 해라"고 한마디 던진 게 불씨가 되었다. 격분한 무슬림들이 해상구조요원을 집단구타 했다. 이에 흥분한 주변의 백인 청년들이 무슬림 청년들을 집단으로 폭행했다. 얻어터진 무슬림 청년들이 SNS로 크노눌라로 집결하라며 긴급 문자 메시지를 날리자 원근 각지에서 검은 수염을 나부끼는 무슬림들이 '이슬람국가'IS처럼 몰려들었다. 결국 순식간에 5000여 명이 시가전을 벌이는 호주 역사상 초유의 '인종차별적 폭동'이 전개되었다. 이쯤되면 흥분 잘하고 쉽게 폭력적으로 변할 수 있는 백인들의 공격성을 보여주는 단적인 사건이라고 아니할 수가 없지 않은가?

 백인들의 역사가 바이킹의 해적질로 시작해서 이라크 침공에 이르기까지 기본적으로 정복과 살육의 역사였음을 부정할 사람은 없을 것이다. 로마제국 이후 유럽의 백인 사회는 한 번도 통합된 적이 없었다. 유럽 전체의 땅덩어리나 인구가 중국에 비해 크거나 많지도 않은데 백인들은 수십 개 왕조로 갈가리 찢어져 오랫동안 지겹게도 싸워댔다. 영국의 경우 한반도보다 그리 크지도 않은 땅덩어리를 둘러싸고 잉글랜드와 스코틀랜드, 웨일스, 아일랜드가 불과 몇 세기 전까지만 해도 끝없는 전쟁을 벌였다. 조선이나 고려조의 왕가에 집안싸움이 있기는 했지만 그래도 단일 왕조로 500년 가까이 존속한 것과 비교한다면 큰 차이가 나는 이야기가 아닐 수 없다.

뒤끝이 없는 사회

《위대한 기사, 윌리엄 마셜》이라는 전설적인 중세 기사의 이야기를 담은 책을 읽었다. 그런데 무슨 놈의 죽고 죽이는 집안 간의 싸움이 그리 많은지 도표를 그리면서 이해를 하려다가 너무 복잡해서 그만 포기해버리고 말았다. 유럽의 경우 일찍 싸움을 끝낸 영국 섬나라를 제외하고는 수많은 농민봉기와 종교적 유혈 충돌이 있었다. 국내 공국들 사이의 전쟁을 배제하더라도 십자군 전쟁을 비롯해 30년 전쟁, 나폴레옹 침입 등으로 조용할 날이 없었다.

백인들이 투쟁적이고 공격적인 성향을 한두 가지 이유만으로 분석할 수는 없을 것이다. 역사의 결과가 백인들의 공격성으로 귀결된 것인지, 아니면 백인들의 유전자 속에 원래부터 공격성이 있어서 그런 역사를 만들게 된 것인지는 그야말로 '닭이 먼저냐? 달걀이 먼저냐?' 하는 문제다.

그렇지만 분명하게 말할 수 있는 것도 있다. 싸움은 많이 해본 놈이 잘하는 법이라는 것. 싸움을 많이 하다 보면 어떻게 하면 싸우지 않고 이길 수 있는지 터득하게 된다. 조폭 두목이 일일이 부하들과 싸워 이겨서 지배를 하던가?

백인들은 어떻게 하면 덜 싸우고도 자신의 명예를 지킬 수 있는지, 분쟁이 생길 때 어떻게 하면 효과적으로 해결할 수 있는지를 오래전부터 익힌 것 같다. 수백 년 전부터 말이다. 그런 경험이 현대에 이르러 사회문화적 합의와 관례, 법률 등을 통해서 분쟁을 효과적으로 해결하는 수준에 도달한 것이다. 서구 사회에 변호사가 그렇게 많은 것도 다 이유가 있다. 왜 있잖은가? 미국 사회는 변호사를 먹여 살리기 위해서 있는 거라는 얘기 말이다. (어떤 사람들은 변호사야말로 모두 지옥 갈 놈들이라고 하지만 나는 지옥이야말로 변호사가 많이 필요한 곳이라고 본다. 자기가 지옥에 오게 된 것이 부당하다고 변호를 요청할 사람이 얼마나 많겠는가?)

오랜 세월 동안 전투와 전쟁으로 단련된 백인들 앞에서 황인종과 흑인들이 판판이 당한 역사는 결코 우연이 아니다. 수많은 탐험과 개척의 사례만 봐도 백인들이 진취적이고 창조적이며 개척정신이 넘친다는 것을 부정할 수는 없다. 한국 사람들인은 자신들이 반만년의 역사 동안 끊임없이 외침을 당한 역사를 가졌다고 엄살을 떠는 경향이 있지만 다른 나라들과 비교해보면 실상 그렇지도 않다.

우선 가까운 조선 시대만 해도 정확히 1400년부터 1850년까지 평화로웠다. 450년 동안 단 세 번의 침입이 있었을 뿐이다. 이마저도 1592년부터 1637년까지로 꽤 짧은 기간에 끝났다. 이후 19세기 중반에 이르기까지 250년간 평화로워 군대는 사실상 내부 질서를 다스리는 수준으로 경찰화되었다. 고종 때 창설된 신식군대인 별기군의 수가 80명이었다는 사실을 아는 사람은 많지 않을 것이다. 한국인들이 전쟁에 대한 피해의식이 유난히 심한 것은 최근 150년간 외국 침략을 비롯해 주권을 박탈당하고 나라가 분단되고 민족 간에 전쟁을 치른 뼈저린 경험 때문일 것이다.

이런 역사적 경험 탓에 한국인들은 힘을 기르기보다 눈치를 발달시켰다. 외국에서 한국인들과 외모가 비슷한 다른 동양인을 비교해보면 눈빛 자체가 다르다. 한국인에 비해 중국, 대만, 일본인들의 눈빛은 상당히 유순해 보인다고나 할까? 악의가 좀처럼 감지되지 않는 편인데, 한국인들한테서는 뭔가 만만치 않은 눈빛, 뭔가 도전적인 눈빛을 엿볼 수 있다. 다른 동양인에 비해서 경쟁적, 투쟁적, 독선적, 도전적인 느낌이 드는 눈빛을 가지고 있다. 물론 이건 누가 통계를 낸 것도 아니고 전적으로 개인적인 경험이 투영된 결과라는 점을 감안하기 바란다.

반면 현재의 백인들은 한국인을 포함해 다른 동양인들보다 친절하고도 합리적으로 보인다. 그러나 앞서 수차례 언급한 대로 백인들의 모습 깊은 곳에는 공격성이 숨어 있다가 특정한 상황이 갖춰지면 유감없이 드러나게 된다. 자제할 수 없는 자극이 오면 옷을 찢으며 괴물로 변해서 무시무시한 힘을 발휘하는 두 얼굴의 사나이, '헐크'처럼.

백인들이 성질을 낼 때 드러내는 감정의 분출 정도와 공격적인 뉘앙스는 동양인과 비교가 안 될 정도다. 정작 인상 쓰는 당사자가 폭력을 쓰려는 의도가 없다 하더라도 옆에서 보는 사람 입장에서는 생사람을 잡아먹기라도 할 것 같은 서늘함이 느껴질 지경이다.

영화 속에서 우리 같은 동양인의 눈으로는 정말 이해를 하기 힘들 정도로 백인들이 사소한 일로 심하게 감정을 노출하는 모습을 볼 때가 많다. 부부 싸움에서도 '저럴 것까지 있나?' 싶을 정도로 심하게 싸우는 모습을 자주 볼 수 있다. 하지만 서구 사회에서는 한국 사람들이 부부 싸움할 때처럼 상대방이 끝까지 참고 들어주리라는 믿음을 가지고 자기 감정이 풀릴 때까지 계속 악을 박박 쓰며 소리를 지르다가는 세상을 일찍 하직하는 수가 있다. 왜냐하면 참다가 못 참으면 '가정상비약'처럼 항상 비치된 총을 사용할지 모르기 때문이다. 다행히 호주에선 총기 소지가 불법이다. 그래서인지 가정폭력이 훨씬 유행하는(?) 편이다. 뉴스에 집에서 일어난 내전으로 세상을 뜬 여성 혹은 남성 전사들의 이야기가 종종 나오니 말이다. 한편 심하게 싸운 부부가 언제 그랬냐는 듯 "Honey!" 하면서 입 맞추고 난리 블루스를 추기도 하니 우리같이 점잖은 양반들은 도무지 감을 잡기 어렵다. 아무튼 호주 정부는 가정폭력 문제를 심각하게 받아들여 막대한 예산을 투자해 '제발 말로 하자'는 캠페인을 벌이고 있다.

공격적인 백인 사회에서는 대화나 분쟁 중에 위험을 느낀 상대가 언제 반격이나 심지어는 선제공격을 기도하게 될지 모른다. 아무리 치고 빠지는 것을 잘해도 지나친 공격성이 오랫동안 표출되거나 폭력 상황이 자주 연출되면 자칫 서로 간의 감정을 파괴할 수 있는 법이다. 그런 까닭에 동양 사회 같으면 그렇게 심각해지지 않을 문제인데도 서구 사회에서는 종종 관계가 파멸로 이어지는 경우를 볼 수 있다. 고로 갈등을 키우지 않으려면 감정을 먼저 폭발시킨 측에서 최대한 빨리 수습해야만 한다. 그래서 백인 사회에서는 감정이 폭발한 당사자가 언제 그랬느냐는 듯이, 한국인의 눈으로 볼 때는 연기가 아닌가 싶을 정도로, 금방 사과하는 모습을 자주 볼 수 있다.

한국 사람들은 상대방이 사과하더라도 속으로는 서운해하거나 꽁해 있는 경향이 있는 반면 백인들은 일단 상대방이 사과하면 "apology accept"라며 그야말로 화끈하게 갈등 상황을 마무리할 줄 안다. 또한 백인들은 공식적인 자리에서 이야기할 때 면전에서 '사람이 어쩌면 저럴 수가 있을까?' 싶을 정도로 상대방의 자존심을 무시하고 냉정하게 대하다가도 사적인 자리에서는 언제 그랬느냐는 듯 허물없이 대하는 경우가 많다. 한국인의 정서로는 저 정도면 원한이 최소한 3대까지는 가겠다 싶은데 말이다.

백인들은 주어진 상황에서 그 감정의 수위와 강도를 이성과 제도를 통해 조절하는 능력이 탁월하게 발달되어 있다. 물론 백인들이 이런 걸 전부 계산하면서 위선적으로 행동한다는 의미는 아니다. 오랜 역사 속에서 사회적 학습에 의해 체득되어 세련되게 관계를 정상화하는 문화가 생겼을 것이라는 점을 나름대로 산전수전을 거친 사람으로서 짐작할 뿐이다. 한마디로 '뒤끝 작렬'하는 문화가 아니라는 것이다.

13
우리는
남이다

이방인에 대한 공포

　　　　　모든 생물은 본능적으로 자기와 다른 존재에 대해 경계심을 품게 되어 있다. 그러나 인간은 이성을 가지고 있기 때문에 그 '다름'이 자기에게 유익이 될 것인가 손해가 될 것인가를 추가해서 판단한다. 인간은 이해관계에 따라 판단을 하기 때문에 18세기 이전에는 색깔 중심의 인종주의racism보다 자기와 관계 맺고 있는 주변의 민족ethnic 중심의 인종주의가 보편적이었다.

좀 더 쉽게 풀어보자면 태초부터 인류는 자연환경을 중심으로 집단생활을 하면서 자연스럽게 몸에 밴 관습이나 언어 등의 요소로 부족을 형성하게 되었다. 이렇게 형성된 '집단적 정체성' 때문에 다른 부족들을 만났을 때 자기들과 다른 '차이'를 느끼게 되고 이를 경계하고 의심하는 외국인(이방인) 혐오증zenophobia이 생겨났다.

역사적으로 백인 우월주의 혹은 '백인 인종주의'의 단초는 15세기까지 거슬러 올라간다. 포르투갈 선박들이 이슬람 세력을 누르고 서아프리카 해안에서 흑인들을 납치하여 노예로 팔기 시작하면서 백인들의 우월주의가 형성되기 시작했다. 그 이전까지는 '피부 색깔이나 얼굴 형태'를 중심으로 한 인종주의가 보편적인 현상은 아니었다.

그러나 서구 열강이 비서구권을 강제 점령하는 과정에서 인종주의가 극대화되기 시작한다. 서구 제국주의자들이 비서구인과 땅 그리고 자원을 구조적으로 수탈하는 과정에서 이를 정당화하는 매개로서 서구 인종주의가 등장하게 되었다는 말이다.

서구는 세계를 지배하게 되면서 비서구 인종들의 삶의 양식, 역사와 문화를 자신들이 주조한 '유사과학'에 근거하여 다시 쓰기 시작했다. 팔레스타인 출신의 양심적 지식인인 에드워드 사이드Edward Said는 이를 '오리엔탈리즘'Orientalism이라고 이름 붙였다. 이 개념은 인류 문화사에서 엄청나게 중요하다.

오리엔탈리즘은 한 번도 서구를 벗어나 동양을 여행해본 경험이 없는 관리나 학자들이 식민지에 파견했던 정치인, 인류학자, 관리, 선교사들이 보내온 편지나 정보를 분석하여 자신들의 서재에서 동양인들의 삶, 성격, 가치관을 포함한 문화를 제멋대로 '재구성'하고 '재창조'한 것이다. 예를 들어 보고서를 보면 중동인은 호전적인 사람들로, 중국인은 큰소리만 치고 게으른 사람들로, 인도인은 자기 나라를 주체적으로 이끌어나갈 능력이 없는 야만인으로 묘사하는 식이다.

이렇게 형성된 오리엔탈리즘에 의하면 백인들은 유색인들이 저마다 주어진 환경 속에서 나름대로 창조해가던 고유의 문화를 '차이'와 '특징'으로 보지 않고 '야만성'과 '후진성'으로 인식했다.

따라서 서구의 진보적인 문화와 가치로 그들을 '계몽'할 의무가 있다는 생각을 자연스럽게 가지게 되었다. 이는 유색인들을 근대성으로 계몽해야 한다는 일종의 '사명'manifest destiny 같은 허위적인 강박관념으로 나타났다. 이 같은 맥락에서 서구인들은 비서구인들을 야만인으로, 계몽되어야 할 무지한 존재로 이해하기 시작했다.

하지만 실상 식민주의는 비서구 원주민을 계몽하려는 이타적인 욕망에서 비롯된 것이 아니다. 알제리의 지식인이었던 프란츠 파농Franz Fanon은 식민주의의 존재 이유를 설명한 마노니Octave Mannoni의 연구를 소개한다. 식민관계에서 지배자와 피지배자는 상호 연관되어 있다. 식민주의자는 셰익스피어의 희극에 나오는 인물인 프로스페로와 같이 타자를 존중하지 못하며 지배하려는 병리적인 충동을 보이며, 자신의 딸이 열등한 존재에 의해 강간당한다는 생각을 하는 인종차별주의적 경향마저 드러낸다. 마노니는 식민주의자를 '프로스페로 콤플렉스'Prospero Complex라 부르는 복합적인 충동의 소유자로 파악했다.

프란츠 파농은 마노니의 식민관계에 대한 연구를 비판하면서 흑인들이 백인을 증오하면서도 그들을 닮아가기를 바라고 있음을 보여준다. 근대 이후 오랫동안 백인들의 지배를 당하는 환경 속에서 자신도 모르게 그들의 문화에 동화된 의식 속에 잠재한 일종의 '내면화된 식민주의'라고 할 수 있을 것이다. 내가 어릴 때만 해도 한국 사람들은 툭하면 "엽전이 별수 있나?" 하는 자학적인 얘기를 많이 했는데, 바로 그런 것이다. 친일 교과서 논란을 일으킨 뉴라이트 학자들의 '식민지 근대화론'도 아마도 이런 현상이라고 설명할 수 있을 것이다.

빈 라덴 체포 작전

그런데 위에서 설명한 식민관계에 대한 논의들을 무색하게 하면서 인종 문제에 대해 새롭게 풀어야 할 숙제가 서구 사회에 대두하고 있다. 무슬림, 즉 아랍인들에 대한 것이다.

호주 국영방송인 ABC에 〈해외특파원〉이라는 유명한 프로그램이 있다. 여기에 탈레반의 위협을 무릅쓰고 파키스탄에서 소아마비 백신 보급 활동을 하는 여성이 소개된 적이 있다. 그 방송에서 놀라웠던 것은 그녀가 백신을 보급하는 많은 보건 요원이 탈레반에 의해서 살해되었다고 말한 대목이었다.

처음엔 탈레반이 자기 나라 아이들의 생명을 구하는 사업을 방해하고 있다는 것을 이해하기 어려웠다. 방송에서는 미국이 빈 라덴을 잡기 위해 소아마비 백신 접종을 활용했다고 하는 이 사건의 자초지종을 설명하지 않았기 때문이다. 나는 이 모든 사실을 한국 MBC에서 이와 관련된 방송을 한 이후에야 알게 되었다.

미국은 빈 라덴을 잡기 위해 온갖 노력을 펼쳤지만 잡지 못했다. 파키스탄이 빈 라덴의 도주에 적극적으로 협조하고 있었기 때문이다. 이때 우연히 TV에서 파키스탄 어린이들에게 소아마비 백신을 접종하는 장면을 본 CIA 패네타 국장은 소아마비 백신 캠페인을 벌여 빈 라덴의 은신처를 찾아낼 것을 제안했다.

파키스탄 아동들에게 소아마비 백신을 놓아주면서 몰래 혈액을 채취해 빈 라덴의 자녀를 찾아내자는 작전이었다. CIA는 파키스탄 현지의 명망 있는 의사를 동원해 캠페인을 벌였고, 채취된 혈액은 즉시 CIA에 전달되었다. CIA는 이 혈액들을 빈 라덴 여동생의 DNA와 일일이 대조하며 빈 라덴의 자녀를 찾아 나섰다. 자녀의 거주지를 알면 빈 라덴의 은신처를 확보하는 것도 시간문제였다.

결국 빈 라덴은 체포 후 사살되었다. 그 후 소아마비 예방 접종 캠페인이 빈 라덴 체포를 위한 CIA의 비밀작전이었다는 사실이 알려지자 탈레반은 이 캠페인을 금지하고 의료인들에 대한 공격에 나서 현재까지 계속되고 있는 것이다. 이 때문에 파키스탄에서 근절되었다시피 했던 소아마비는 빈 라덴 사살 3년 만에 급격히 확산되었다.

아무리 파키스탄이 후진국이라고 해도 미국이 한 사람을 추적하기 위해 대중 보건사업을 위장해 비밀작전을 수행했다는 사실은 상상할 수 없는 일이었을 것이다. 그렇게 파키스탄 아이들에게 소아마비가 확산되도록 해놓고 빈 라덴이 허무하게(?) 죽은 날이었다. 온종일 뉴스로 시끄러울 때 어떤 아저씨가 사립학교 교복을 입은 10살 전후의 아들을 데리고 택시에 탔다.

"아빠! 빈 라덴이 누구야?"

"알카에다 지도자."

"알카에다가 어느 나라야?"

"나라가 아니야. 그냥 단체야."

"어디 있는데?"

"어디에나 있어."

"근데, 왜 죽였어?"

"미국을 공격했거든."

아이는 도무지 이해가 안 된다는 표정이었다. 당연한 일이다. 미국이라는 세계 최강의 국가가 어디나 존재하는, 국가도 아닌 조직에 맞서 싸우는 어처구니없는 일을 어떻게 이해할 수 있겠는가?

폭력에 대한 무슬림의 선택

요즘 호주도 무슬림 때문에 난리다. 아니, 이라크와 멀리 떨어진 호주가? 왜? 동네 무슬림 젊은이들이 슬그머니 시리아로 이라크로 가고 있기 때문이다. 그들은 그곳에서 죽기도 하고 IS 유튜브 선전물에 살벌한 모습으로 출현하기도 한다. 심지어는 사라졌던 여자들이 어느 날 갑자기 시리아 등지에서 총을 들고 나타나기도 한다. 바야흐로 호주를 비롯한 무슬림 이민자가 많은 나라는 호떡집에 불이 난 형편이다.

서구 세계에서 나고 자라 IS로 향하는 이들은 자신들의 행동 때문에 자신과 비슷하게 살아온 다른 무슬림들이 얼마나 곤란한 처지에 빠지게 될지 모르지 않는다. 그런데 무엇이 그들을 위험한 상황에 뛰어들게 하는 것일까? 서구에서 자라서 등 따시고 배부른 무슬림 청년들이 왜 죽음의 구렁텅이로 줄지어가는 것일까? 무슬림 광신주의 때문에? 웃기는 소리다. 그들도 자기 목숨 아까운 줄 아는 사람들이다.

이유는 미디어에 있다. 서구 미디어가 무슬림을 다루어온 방식은 폭력적이고 구시대적이다. 흔히 무슬림은 서구 문명에 위협이 되는 근본주의자로 그려진다. 그들이 다른 종교인을 살해했을 때는 이슬람교가 큰 역할을 한 것으로 보도된다. 하지만 다른 종교인이 무슬림을 살해한 사건에서는 가해자의 종교가 크게 언급되지 않는다.

다른 나라도 마찬가지다. 현재 버마의 로힝야 무슬림들이 겪고 있는 고난은 서구 미디어의 주목을 거의 받지 못한다. 최근에도 로힝야 무슬림 600여 명이 무슬림의 나라인 말레이시아나 인도네시아로 떠나기 위해 낡아빠진 목선을 타고 바다로 나왔지만, 주변국에서 받아주지 않았다. 그 결과 그들은 바다를 떠돌면서 죽어갔다.

무슬림 이민자가 많은 나라의 정치 지도자들은 겉으로는 "우리가 남이가?" 하면서도 속으로는 "우리는 남이고 말고…." 하면서 감시와 견제를 강화한다. 반면 무슬림은 겉으로는 "우리는 남이 아니지 않은가?" 하면서도 속으로는 "우리는 남인데…." 하고 중얼거린다. 이처럼 양편이 모두 어색한 연기를 할 수밖에 없는 것이 국제사회의 현실이다.

무슬림이 다수인 여러 국가에서 많은 무슬림이 (미국의 비호를 받아 탄생한) 독재정권과 극심한 빈곤에 시달리고 있다. 이런 환경 탓에 알카에다나 IS가 세력을 키울 수 있었던 것이다. 미국이 아프가니스탄, 이라크를 침공한 결과 수백만의 무슬림이 죽어 나갔다. 정상적인 무슬림이라면 이런 광경을 보고 가만히 있을 수 있었을까?

서구 세계에 대한 원한이 사무칠 때 그들은 IS로 향할 수밖에 없는 것이다. IS는 공포라는 무기로 세계를 위협한다. 그들이 뿌리는 공포의 향기에 매력을 느끼는 젊은이들은 불나방처럼 IS에 달려드는 것이다.

공포와 돈

공교롭게도 9.11 사건이 난 화요일에 나는 뉴욕 근처의 고속도로에 있었다. 오랜만에 만난 동창들과 수다를 떨면서 뉴욕을 빠져나가는데 반대쪽 고속도로를 꽉 메우고 움직이지 않는 차들을 보면서 이상하게 생각했다. 라디오를 틀었으면 알 수 있었을 텐데 수년 만에 만난 친구들과 이야기를 하느라고 그럴 생각을 못 했다. 목적지에 도착해서야 비로소 TV를 통해 무너져가는 쌍둥이 빌딩을 보고 공황 상태에 빠졌다.

2013년 미국 애틀랜타 국제공항에서 있었던 일이다. 1월 4일 오전 8시께(현지 시각) 애틀랜타 공항 보안 당국에 '여행가방 안에서 진동소리가 울린다'는 신고가 접수되었다. 애틀랜타 국제공항은 직원이 진동소리를 들으면 의무적으로 보안 당국에 보고하게 돼 있다.

당국은 폭발물이 들었을 수 있다는 판단에 따라 수상한 가방이 발견된 공항 내 일부 터미널을 폐쇄하고 공항으로 통하는 도시 전철 운행도 전면 중단시켰다. 애틀랜타의 전철 회사인 '마르타'가 자사 트위터에 '긴급사태로 인해 어떤 열차도 공항으로 들어갈 수 없다'는 메시지를 띄워 불안감이 증폭되었다. 그러나 경찰이 전면적인 수색으로 찾아서 열어본 가방 안에는 폭발물이 아니라 전동칫솔 하나가 요란한 소리를 내며 떨고 있을 뿐이었다. 수화물 처리 과정에서 가방 안에 충격이 가해져 전동칫솔이 작동한 것이었다. 당국은 한동안 도시를 테러 공포에 떨게 한 전동칫솔의 스위치를 끄고 40분 만에 공항과 전철 운행을 정상화했다.

이것이 9.11 이후 서구 세계의 모습이다. 무슬림에 대한 폭력은 서구 세계에 '불안'이라는 엄청난 선물을 안겨 주었다. 그런데 이 불안이라는 선물은 워낙 값이 비싸서 경제적으로, 시간적으로 천문학적인 대가를 요구한다. 심지어 우리는 비행기를 탈 때마다 안전 비용이라는 추가 비용을 지급하고 있다.

호주의 현재 모습

호주에서 느끼는 인종 갈등은 단순히 백인이 흑인이나 동양인을 차별하는 것을 넘어 훨씬 복잡하다. 우리 눈에는 똑같이 인도인으로 보이는 이들 중에도 북부 지방과 남부 지방 출신, 파키스탄, 스리랑카, 타밀인들 간에 갈등과 긴장이 높다.

발칸 반도의 구 유럽 연방에서 갈라진 나라 출신들의 반목도 심각하다. 그래서 파키스탄과 인도인들은 크리켓 경기 중계를 보다가도 싸움이 붙어 주변을 아수라장으로 만들기도 하고, 발칸 반도 출신들은 테니스 경기를 보다가 패싸움을 벌이기도 한다. 영어 좀 한다고 비영어권 출신 아시아인들을 대상으로 시건방을 떠는 인도인들의 행태도 목불인견이다.

드러내놓고 내색은 하지 않지만 호주의 가상 적국은 인도네시아다. 보트 난민들이 안보에 문제가 되기 때문이다. 아프가니스탄, 스리랑카, 이라크 등지에서 끊임없이 배를 타고 호주로 밀입국자가 몰려든다. 이들 때문에 호주 정권이 흔들흔들할 지경이다. 모든 것이 심각한 한국에 비해 호주는 난민 문제가 가장 심각하다. 무기를 들고 쳐들어오는 군대가 아니라 아프가니스탄, 스리랑카, 이라크 등지에서 빈손으로 배를 타고 쳐들어오는 난민이 안보의 최대 문제다. 즉 '비행기 난민'은 문제가 안 되지만 '보트 난민'은 문제가 된다. 북한이 쳐들어올까 봐 떠는 것이 한국의 안보 상황이라면 끊임없이 배를 타고 호주로 몰려오는 밀입국자들 때문에 매번 호주 정권이 흔들거리고 있다.

10여 년 전 인도네시아 휴양지 발리에 대량의 마약을 반입해 팔려고 하다 체포된 마약 사범 2명에 대하여 호주가 제발 사형만은 하지 말아 달라고(호주는 사형제도가 없기 때문에) 호소, 읍소, 간섭, 공갈, 협박 등등 모든 방법을 동원하여 인도네시아에 압력을 넣어 양국이 전면적으로 신경전을 펼쳤지만 결국 주권국가답게 정상적으로 사형을 집행한 일이 있었다. 이 과정에서 한때 열 받은 인도네시아가 현지의 난민 신청자 1만 명을 풀어 '인간 쓰나미'를 일으키겠다고 경고하는 해프닝이 벌어지기도 했다.

집권여당은 야당으로부터 난민정책을 잘못해서 난민이 몰려온다고 늘 공격을 받고 있다. 그러다 보니 호주 정부가 인터넷 유튜브에 '호주가 좋다는 소문을 듣고 오려는 모양인데 와봤자 당신들한테는 국물도 없다'는 내용의 동영상을 올려 밀입국 희망자의 생각을 단념시키는 선전전까지 펼치는 형편이다.

난민들의 보트가 출발하는 곳은 대부분 호주와 인접한 인도네시아 섬들이다. 따라서 인도네시아에서 어떻게 하느냐에 따라 호주는 직접적인 타격을 받는다. 그런 까닭에 호주는 인도네시아에 단속을 잘해달라며 고속정도 사주면서 불편하게 지내지 않으려고 정성을 들인다.

안타까운 건 이러한 노력에도 불구하고 양국의 사고뭉치들이 이런저런 사고를 쳐서 늘 갈등이 끊이지 않고 있다는 것. 최근까지도 인도네시아발 불법이민은 끊이지 않고 있다.

시드니에서 택시 기사로 살면서 느낀 문화인류학 단상을 이

제 정리하려 한다. 불특정 다수 백인을 대상으로 하는 일을 하다 보니 "인종차별 받지 않느냐?"는 질문을 흔히 받는다. 왜 없겠는가? 피부색이 다르고 자기네가 쓰는 언어도 제대로 못 하는 이방인을 무시하는 현상이. 가방끈 길이와 관계없이 무식하고 용감한 인간들은 어디에나 있는 법이다. 이곳에서의 차별은 워낙 '세련되어서' 표면적으로는 잘 드러나지 않을 뿐이다. 이런저런 이야기를 늘어놓았지만 뾰족한 답이 있을 리가 없다. 인종 간 문제는 끊이질 않고 있으며 더 심해질 기미마저 보이고 있다는 것뿐.

별수 없다. 우리는 서로 다른 사람이며 그 차이를 인식하고 인정하는 수밖에. 우리는 남이다. 좌우, 위아래 집에 사는 사람이 어떤 피부색을 가지고 있든 어떤 인종이든 간에 '다름'을 인정하고 함께 잘 지내려 노력하고 살아가는 것만이 평화를 이루는 방법 아니겠나.

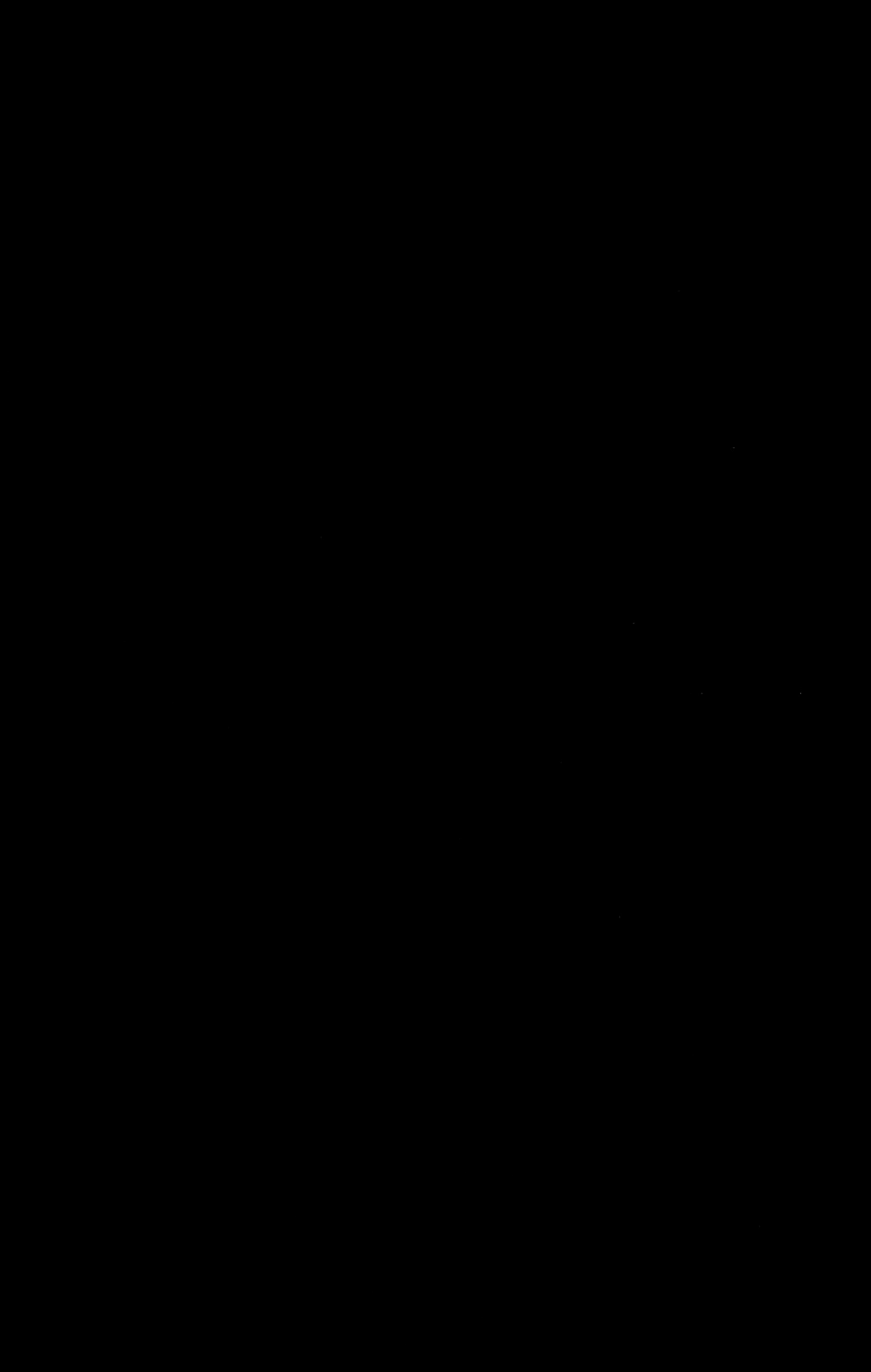

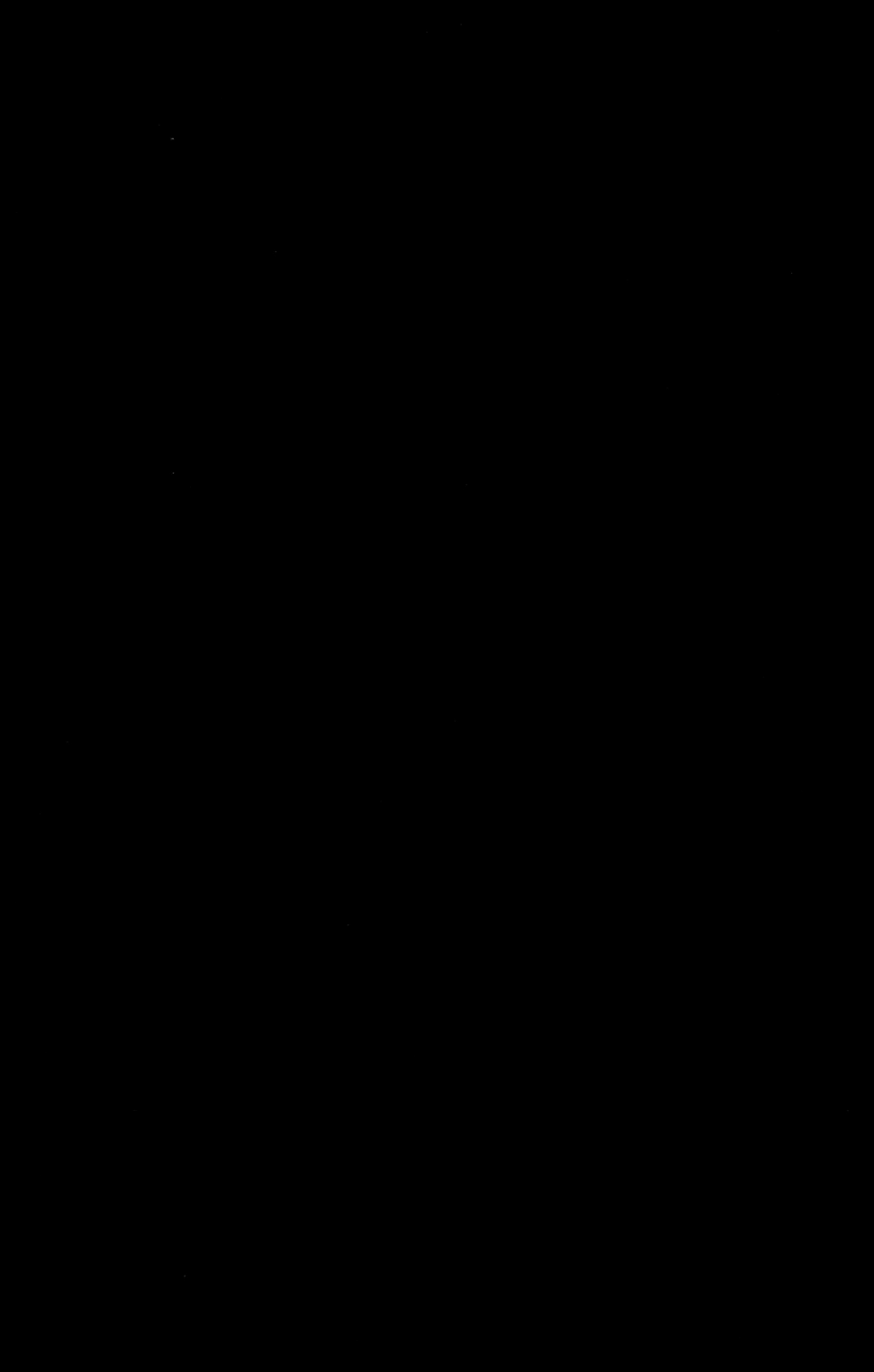